江苏博士后
工作实践与应用

编著：李晓东
编写：王　超　常志庆　岳克勤　王彧之　徐国明　张士民

东南大学出版社
SOUTHEAST UNIVERSITY PRESS
·南京·

图书在版编目(CIP)数据

江苏博士后工作实践与应用 / 李晓东编著. —南京：东南大学出版社，2014.4

ISBN 978-7-5641-4818-8

Ⅰ. ①江…　Ⅱ. ①李…　Ⅲ. ①博士后 - 研究生教育 - 研究 - 江苏省　Ⅳ. ① G644.8

中国版本图书馆 CIP 数据核字(2014)第 063258 号

江苏博士后工作实践与应用

出版发行 东南大学出版社
出 版 人 江建中
社　　址 南京市四牌楼 2 号(邮编 210096)
印　　刷 兴化印刷有限责任公司
经　　销 全国各地新华书店
开　　本 700mm × 1000mm　1/16
印　　张 10
字　　数 224 千字
版　　次 2014 年 4 月第 1 版　2014 年 4 月第 1 次印刷
印　　数 1–2500 册
书　　号 ISBN 978-7-5641-4818-8
定　　价 48.00 元

PREFACE

前　言

博士后制度是我国有计划、有目的地培养高层次人才的一项重要制度。自 1986 年江苏省开展博士后工作以来，在省委、省政府的高度重视下，博士后工作紧紧围绕社会发展和人才培养的需要，为江苏省集聚了一批高层次创新型人才，取得了一批高水平的科研成果，在促进学科交叉、产学研相结合方面发挥着独特的作用，为促进江苏省科技创新和经济社会发展，发挥了重要作用。博士后已经成为我省科研、教育、经济战线上的一支重要骨干力量。

全方位了解博士后制度的历史、现状和江苏省博士后工作的情况，通过向社会各界积极宣传博士后制度，获取社会各界广泛的理解和支持，是本书编写的目的之一。此外，对于设站单位而言，博士后管理一直是一项复杂的管理工作，涉及人事管理的各个方面。近年来随着江苏省博士后招收规模的不断扩大，设站单位的不断增多，省博士后创新实践基地的设立、省博士后成果转化基地的试点，以及中国博士后网进、出站系统的改版、省博士后信息管理系统的正式上线，都使得做好博士后管理工作成为一项富有挑战性的工作。本书通过详细的流程分析、丰富的图片剪辑、完善的样表示例，阐述博士后需要知道什么，应该怎样做，告诉博士后管理人员为什么需要这样做，怎样可以做得更好！本书既是对博士后管理实践工作的系统总结，也是博士后在站期间的理想参考资料，更是内容涉及各个方面的博士后管理工具用书。

在本书的编写过程中，得到了人力资源和社会保障部专业技术人员管理司博士后处、江苏省人力资源和社会保障厅专家和国际合作处、江苏省博士后协会领导的大力支持，在此表示感谢！因该项工作覆盖面广，细节琐碎，加上个人水平有限，难免有不足之处，敬请读者予以批评指正。

李晓东

2014.4.1

CONTENTS

目　录

第一篇　概述

第一章　博士后制度概论

第一节　我国博士后制度的产生

一、我国博士后制度产生的历史背景

我国博士后制度是借鉴国外培养优秀人才的经验，结合我国国情创立的一项吸引、培养和使用年轻高级人才的制度。我国博士后制度的产生背景有如下几个方面。

1. 在改革开放初期，我国现代教育制度的确立仅有百余年的历史，1949 后的研究生教育时断时续；新中国成立后的科技体制则适应于高度集中的计划经济体制，科技活动从属于整个国家计划。

我国实行改革开放政策后，教育和科研制度皆发生了重大的变化：（1）1977 年我国恢复高考招生制度，1978 年开始招收研究生并派留学生出国学习，1981 年实施学位制，到 1983 年已有部分人员获得博士学位。此后，研究生教育进一步快速发展，从而为博士后制度的实施提供了“人”的基础。（2）改革使科研机制的活力有所增强、科研活动日益活跃，它一方面为建立以流动性为特征的博士后制度提供了可能，另一方面也使博士后制度的产生因有利于科研制度改革而具有更充分的必要性。

2. 建立博士后制度适应了国家改善高级人才培养环境、培养方式的客观要求。

20 世纪 80 年代初，我国处于高度集中的计划经济体制的框架下，人才培养环境与培养方式均表现出相当程度的僵化特征。具体表现为人才难以流动、学科交叉困难、近亲繁殖现象严重等弊端。随着我国改革开放政策的推进，传统制度的弊端日趋明显，越来越不利于我国高级人才的使用和培养。博士后制度正是适应了国家促进高级人才流动、学术交流，促进交叉学科发展，促进科研活动服务于国民经济建设的针对性和有效性的需要，为高级人才的使用和培养开辟了一块特区。

3. 十年“文革”造成国家人才匮乏，科教战线百业待兴的现状是博士后制度得以诞生并迅速发展的动因。

十年“文革”使我国教育、科技事业受到严重破坏，出现了迫切需要解决的一系列问题。在人才方面，高级专业人才断层现象严重，各科研机构和高校等部门都出现了人才匮乏、青黄不接的局面。各学科领域的科研教学骨干、学术带头人严重不足，人才需求十分强烈；在科研方面，为了快速发展经济，追回已经浪费的宝贵时间，出现了一系列亟待研究和探索的新领域和新问题，传统的研究队伍，单一科研组织模式难以适应科研的需要。而博士后制度本身所具有的人才培养功效和其所特有的流动性、针对性、时效性、机动性等特点，恰好满足了我国高级人才培

养和使用及科研活动的要求。

4. 吸引留学博士回国工作是博士后制度产生的直接原因。

从 1983 年起，我国在改革开放初期派遣出国学习的留学博士陆续回国。然而，这批人的人事关系、职称、工资、住房和工作安排等问题难以在当时的制度框架内得到合理的解决。如何合理、有效地使用这批人才，同时吸引更多的留学博士回国工作，为他们创造比较好的环境和条件，使他们尽快成长为国家急需的高级人才和学术、技术带头人，这些被提上了议事日程。而博士后制度所具有的特殊机制，使其成为解决这一问题的最佳选择。

二、我国博士后制度的产生过程

正是在上述背景下，我国不少有识之士和国内外的专家学者在改革开放之初，就提出了借鉴发达国家培养年轻高级人才的经验，在我国实行博士后制度。其中，著名物理学家李政道教授在我国博士后制度的确立过程中起到了关键作用。

1983 年 3 月和 1984 年 5 月，李政道教授曾两次给国家领导人写信，建议在我国建立博士后科研流动站、实行博士后制度。李政道教授的建议引起了我国政府和领导人以及科技界、教育界的高度重视。邓小平同志在 1984 年 5 月会见李政道教授时，高度肯定了他的建议，邓小平同志还对我国实行博士后制度的目的、意义、发展方向以及具体措施等都作了明确指示。

1985 年 5 月，国家科委、教育部和中国科学院为了贯彻落实党和国家领导人对李政道教授所提建议的批示精神，在广泛吸收专家学者和留学回国博士的建议并征求一些部门和地方意见的情况下，同财政部、国家计委、公安部、劳动人事部、商业部等有关部门进行了反复磋商，向国务院报送了《关于试办博士后科研流动站的报告》。1985 年 7 月，国务院正式批准该报告（国发〔1985〕88 号），这标志着博士后制度在我国的正式确立。

第二节　我国博士后制度的特点

一、发展概况

1985 年以来，我国博士后事业从无到有，各方面的工作不断发展，取得了十分显著的成绩。大体来讲，博士后事业发展经历了三个阶段。

（一）创立阶段（1985—1988 年）　1985 年由原国家科委牵头，组成了全国博士后管委会，统一组织和协调全国博士后工作。此后，国家科委先后下发了《关于试办博士后科研流动站申请办法的通知》（1985 年 8 月）、《博士后研究人员管理工作暂行规定》（1986 年 3 月）、《国家博士后科学基金试行条例》（1986 年 11 月）和《博士后经费管理使用暂行规定》（1987 年 4 月）等文件。为了给博士后研究人员创造较好的工作和生活环境，全国博士后管委会会同教育部、人事部、公安部、商业部等，就博士后研究人员及其配偶和子女户籍管理、劳动人事关系、住房、上学、工资、职称评审等一系列问题作出了明确规定。这些政策与规定，初步构成了具有中国特色的博士后制度的基本框架。

（二）稳步发展阶段（1988—1998 年）　1988 年后，博士后工作划转国家人事部负责。在各有关方面的积极支持和配合下，博士后工作稳步发展，规模不断扩大。1985 年全国博士后管委会首批批准在 72 个单位设立了 102 个博士后流动站，这些流动站大多集中在理科。此后，又陆续进行了三次较大规模的设站工作，设站学科从理科逐步扩展到理、工、农、医、哲、法、文、教育、经济、历史、军事、管理等 12 大学科门类的 78 个一级学科，设立流动站总数达到近 800 个，形成了比较完整的流动站工作网络。1990 年开始进行了国家、地方、设站单位三级管理改革试点，逐步下放管理权限，在保证博士后质量的前提下，相继出台了一些促进博士后事业发展的改革措施，使博士后招收和管理方式、投资渠道逐渐多样化。为促进产学研结合，加速培养更多的优秀人才，1994 年决定在企业设立博士后科研工作站，越来越多的博士后研究人员走入企业，成为博士后事业新的生长点。自 1988 年以来，招收博士后人数迅速增加，平均每年增长约 23%，到 1998 年底，每年招收人数达 2 000 多人。随着博士后规模的扩大，博士后工作在科技、教育、人才培养等方面发挥着越来越重要的作用。

（三）改革提高阶段（1998 年至今）　我国的博士后制度是改革开放的产物，是在计划经济体制向市场经济体制过渡的初期逐步创立起来的，其制度框架中难免带有许多传统体制的痕迹。自 1998 年以来，全国博士后管委会通过大量调查研究工作，为适应市场经济条件下主体多元化、需求多样化的要求，明确提出了要通过进一步改革创新，建立起政府宏观调控、分级分类管理、运转高效灵活、适应社会主义市场经济发展要求的、具有中国特色的博士后管理体制的任务。2001 年召开了全国博士后工作会议，制定了《博士后工作“十五”规划》，重新修改颁布了《博士后管理工作规定》，并进一步制定了《博士后管理工作实施细则》。在此基础上 2006 年、2011 年相继制定了《博士后工作“十一五”规划》和《博士后工作“十二五”规划》。

二、我国实施博士后制度的主要特点

（一）国家主导

由上面的介绍可以看出，我国博士后制度是在计划经济体制下，顺应改革开放的大潮，自上而下、在国家主导下建立并推行的。从邓小平同志开始对实行博士后制度的目的、意义、发展方向以及具体措施作了明确批示，以江泽民同志为核心的党中央，高度重视博士后事业发展，为做好博士后工作作了重要批示。江泽民总书记等十几位党和国家领导人还为博士后制度亲笔题词，这在我国人事工作历史上是没有过的。为使博士后工作得以顺利开展，成立了由人事、科技、教育、财政等有关部门领导和著名科学家组成的全国博士后管委会，制定规划和宏观政策并协调有关工作。政府主管部门（现为人力资源和社会保障部）统筹负责组织实施和管理，各地区、各部门密切配合，不断研究解决博士后工作中的困难和问题，形成了各级领导高度重视、相关部门协调推动的良好局面，有效地推进了博士后事业的发展。这是我国博士后制度在短短十几年内取得快速发展、迅速形成规模的重要原因。

（二）体系独立

我们在国家整体发展的大局下，谋划博士后事业发展的战略。流动站的设立是根据国家经济、科技、教育以及国防事业发展的要求而确定，博士后招收数量是依据研究生教育和高层次人才队伍建设需要而制订的，企业博士后工作的产生和发展，则是根据科技与经济建设相结合的需要而不断创新。为推行博士后制度，国家采取了一系列特殊措施并制定了一整套优惠政策。这些特殊措施与优惠政策，为博士后研究人员创造了一个良好的工作和生活环境，规范了选拔、培养和使用的各个管理环节，保证了博士后研究人员的合理流动，使其从进站到出站得以畅通无阻。这些措施与优惠政策，实际上突破了旧的人事、科技、教育、户籍管理等制度的束缚，使博士后的管理相对独立、自成体系，开辟了高级人才培养、使用和流动的一条“绿色通道”。

（三）持续投入

博士后发展规模的扩大，国家财政投入的不断增加，是博士后事业发展的基本保证。国家财政对博士后工作的投入主要有三类：（1）每年为博士后研究人员拨发博士后日常经费，现经费标准从初期的每人每年 30 000 元提高到每人每年 50 000 元；（2）设立博士后科学基金，专门择优资助部分博士后研究人员创新性科研工作；（3）拨款建造博士后公寓。

除国家财政投入外，全国博管会还适时制定一些鼓励政策，调动各方面的积极性，使各地区、部门、设站单位、企业都成为投资者，形成各种社会力量共同参与的良好局面。目前，在直接投入博士后事业的经费中，各级地方政府、部门、设站单位与企业的投入已超过 50%。在招收方式上，由国家资助招收，发展到自筹经费招收、依托项目招收、企业招收等多种形式。许多地方、部门和单位，也设立了多种形式的博士后科学基金，建造了上千套博士后公寓。可以说，没有国家的财政投入和社会的直接参与，在我国形成这样一个全新的培养和使用高层次人才的体系是不可能的。

（四）内容丰富

博士后制度不同于一般的教育或科研工作制度。我国博士后制度的重要特征之一，就是凝聚和吸引人才，在使用中培养人才，人才的培养和使用结合起来。通过设立并建设好一批高水平的流动站和工作站，筑巢引凤，把海外留学博士和国内优秀博士引导、调配到国家建设最需要的地方，使其人尽其才、才尽其用，用当其时。通过增加投入、加强培养，使得博士后研究人员在实际工作中得到锻炼成长。

在博士后研究工作中，注意引导其承担和参与国家重大科研项目，鼓励一部分有条件的人员走入企业。当前，企业博士后的发展，形成了企业与高等学校科研院所的合作机制，使生产、科研紧密联系，使人才培养、科研开发、成果转化、企业技术进步等融为一个整体，使博士后事业拥有更加广阔的发展前景。

第三节　我国博士后组织管理工作

一、我国博士后研究人员的界定

博士后研究人员是指经批准并在全国博士后管理委员会办公室注册，在流动站或工作站里从事博士后科研工作的人员。具有如下几个特点：

（1）“博士后”是一种经历。“博士后”不是比博士更高一级的学位，同时也不是专业技术或行政职务。

（2）博士后研究人员主要从事科学研究，而这种科研工作往往具有探索、开拓、创新性质。

（3）博士后研究人员是国家正式工作人员，而不再是学生，在站期间与其他正式职工一样计算工龄，除享受国家规定的优惠待遇外，还享受同本单位正式职工一样的各种待遇。

（4）对设站单位来讲，博士后是有期限的工作人员，不列入正式编制，工作期满后必须流动出站，在其获得固定工作岗位前，实际上处于流动状态。

二、博士后工作的组织管理机构及职责

人力资源和社会保障部（简称人社部）主管全国博士后的管理工作，负责制定全国博士后管理工作的政策、规章、规划，并组织实施。

1. 全国博士后管理委员会（简称全国博管会）是 1985 年 7 月国家为有利于博士后工作的开展，经国务院批准成立的。它由国务院人事、科技、教育、财政等有关部门、有关地区的负责人和专家组成，负责对全国博士后工作中的重大问题进行研究决策和协调。全国博管会主任由人社部主要领导担任。

全国博管会下设若干个学科专家组，每个专家组均由学术水平高、有名望、熟悉国内高等学校和科研机构情况的专家组成。专家组的主要任务是在全国博士后管委会的领导下，对申请设站的单位进行评审。

2. 全国博士后管理委员会办公室（简称全国博管办）设在人社部专业技术人员管理司，在人社部和全国博管会的领导下，具体负责全国博士后工作及综合管理事务，主要职责是：

（1）拟订博士后工作的有关方针、政策、法规；

（2）拟订全国博士后工作发展规划；

（3）组织设立博士后科研流动站（以下简称流动站）、博士后科研工作站（以下简称工作站）的申报和评审工作；

（4）制定国家资助流动站单位招收博士后研究人员的计划和重点资助招收博士后研究人员的计划；

（5）制定博士后公寓建设方案并组织实施；

（6）负责博士后宣传工作；

（7）指导各省、自治区、直辖市人社（厅）局和国务院有关部委人事（干部）部门的博士后管理工作；

（8）指导中国博士后科学基金会的业务工作；

（9）指导中国博士后科研流动站单位和博士后科研工作站单位（以下简称设站单位）的博士后工作。

3. 中国博士后科学基金会办公室负责博士后科学基金的管理，并受全国博管办的委托，承担博士后工作的日常管理事务，主要职责是：

（1）负责博士后科学基金的筹集、运作；

（2）负责博士后科学基金资助金的评审工作；

（3）负责博士后研究人员进出站等相关手续的办理和日常管理工作；

（4）负责中外博士后管理信息网络系统的建设及维护；

（5）负责中外博士后交流与合作项目的实施等具体事务工作；

（6）组织博士后工作管理人员的培训；

（7）承办博士后科研流动站、工作站设站评审的具体事务；

（8）负责对博士后科研流动站、工作站进行评估的具体工作；

（9）开展博士后科研成果的评价、鉴定、开发和推广，组织博士后学术交流和咨询服务活动；

（10）指导博士后联谊会工作；

（11）编辑出版《中国博士后》杂志；

（12）承办“中国优秀博士后奖”、各类博士后国内外学术交流计划的评选工作；

（13）制订博士后日常经费划拨计划并承担财务管理工作；

（14）承担博士后公寓建设的具体工作和人社部直接管理的博士后公寓的管理工作。

4. 各省、自治区、直辖市人社厅（局），国务院有关部委的人事（干部）部门，负责了解、检查、督促本地区、本部门设站单位贯彻执行博士后工作的方针政策、规章制度情况，组织交流工作经验；协调解决本地区、本部门博士后研究人员和配偶在工作和生活中遇到的问题；承办建设博士后公寓及其管理使用工作。

经人社部和全国博管会授权管理本地区博士后工作的有关省、自治区、直辖市（以下简称有关省市）政府人事部门还负有以下具体职责：

（1）归口负责本省（市）内的博士后日常管理、服务工作；

（2）根据本省（市）的具体情况制定相关政策和管理细则，并对本地区的博士后工作进行定期的检查和考核；

（3）拟定本省（市）博士后工作的发展规划；

（4）负责本省（市）博士后日常经费的拨款和管理，协调经费的使用；

（5）负责汇总本省（市）设立流动站和工作站的申报材料并提出推荐意见；

（6）负责对本省（市）各类博士后国内外学术交流计划的推荐人提出审核意见；

（7）负责本省（市）博士后研究人员进出站和相关手续的办理及日常管理事务；

（8）积极筹措资金，改善博士后工作环境，推动本地区博士后事业的发展；

（9）指导本地区博士后宣传工作和其他博士后日常管理工作。

5. 设站单位具体负责本单位博士后管理工作，明确博士后工作主管部门，具备一定招收规模的单位可设立博士后管理办公室并配备专职管理人员；按照国家有关博士后工作的政策规定，制定本单位的管理实施办法，其主要职责是：

（1）制订博士后工作规划和博士后研究人员的年度招收计划；

（2）负责博士后研究人员的招收、在站和出站管理工作，审核博士后研究人员进出站的各类证明材料，为博士后研究人员及其家属办理相关手续；

（3）落实博士后研究人员的研究项目和科研经费，保证博士后研究人员的科研条件；
（4）解决博士后研究人员工资、住房等福利、待遇方面的问题；
（5）具体负责博士后日常经费的使用和管理；
（6）组织申报、管理中国博士后科学基金资助金；
（7）组织申报各类博士后国内外学术交流计划；
（8）指导博士后联谊工作；
（9）负责博士后宣传工作和其他博士后日常管理工作。

第二章　江苏省博士后工作概况

第一节　江苏省博士后工作发展概况

我省博士后工作始于 1986 年,在省委、省政府的领导和重视下,在人社部和全国博管会的大力支持下,博士后工作紧紧围绕我省经济、科技、社会发展和人才培养的需要,积极探索,努力实践,几十年来,取得了很大的成绩。设站规模和招收人数在全国都名列前茅,管理制度不断完善,培养质量不断提高,为我省经济和社会发展做出了积极贡献。

一是博士后科研流动站已具规模。目前,我省已在高校和科研院所设有博士后科研流动站 268 个,覆盖了哲学、工学、理学、农学、医学、经济学、法学、教育学、文学、历史学、管理学、军事学和艺术学等全部 13 大学科门类,涵盖了 79 个一级学科,对一级学科的覆盖率达 71.8%,基本形成了学科专业比较齐全、分布面比较广泛的博士后工作体系,初步建立了一套比较完备、行之有效的博士后管理制度。

二是企业博士后工作得到了快速发展。我省始终把为经济建设服务、推动技术创新工作、培养和造就高层次技术人才、促进产学研结合作为企业博士后工作的宗旨,以"建一流的工作站,培养一流的技术人才,出一流的科研成果"为工作目标,做好服务和管理工作,推动企业博士后工作快速发展。截至 2013 年底,全省已建立了 298 家博士后科研工作站,创建了 321 家省级博士后工作载体——江苏省博士后创新实践基地(以下简称创新基地),建站数位列全国第二。累计联合招收培养企业博士后研究人员 1 600 多名,从事的科研项目产业化后已累计取得了二百多亿元的直接和间接经济效益。目前建站的行业主要集中在机械工程、汽车制造、石油化工、电子信息、生物医药、纺织工程、轻工食品、新材料和农业技术等支柱产业及高新技术产业,与我省重点优先发展行业保持一致,发展前景极为广阔。为进一步加快博士后科研成果转化,推动经济转型,我省将从 2014 年开始博士后成果转化基地认定试点工作,为解决地方产业发展中急需的关键技术难题,培养复合型创新创业人才提供平台。

三是博士后培养工作成效显著。截至 2013 年底,我省已累计招收培养博士后研究人员近万名,超过 5 000 名博士后研究人员完成科研工作期满出站,其中近 60% 留在江苏工作。博士后已成为我省高校、科研院所补充师资和科研人员的重要来源,成为企业创新人才队伍的重要组成部分。目前我省在站博士后研究人员约 4 000 名,据统计博士后在站期间人均承担或参与承担科研项目 3.9 项,其中省部级以上科研项目 3 项,每 6 人中有 1 人获得省部级以上科技奖项,每 3 人中有 1 人获国家专利授权;在站期间人均发表论文 6 篇,其中有一半以上的论文被 SCI、SSCI 和 EI 等国际著名论文检索系统引用。

博士后制度为我省集聚培养了一大批高水平的年轻专门人才和学术技术带头人,取得了一大批具有较高水平的科研成果,促进了学术交流和相关学科、交叉学科、前沿学科的发展,促进了产学研结合，提高了企业技术创新能力。博士后已逐渐成为我省科研、教育、经济战线上的一支重要骨干力量。

第二节 江苏省博士后流动站概况

全省现有268家博士后科研流动站（含部队院校），涉及13个学科门类，分别为：哲学、经济学、法学、教育学、文学、历史学、理学、工学、农学、医学、管理学、艺术学、军事学。

序号	所在区域	单位名称	流动站数量
1	南京市	南京大学	35
2	南京市	东南大学	28
3	南京市	南京航空航天大学	14
4	南京市	南京理工大学	14
5	南京市	河海大学	12
6	南京市	南京农业大学	15
7	徐州市	中国矿业大学	14
8	南京市	中国药科大学	2
9	无锡市	江南大学	5
10	南京市	南京工业大学	6
11	南京市	南京林业大学	8
12	南京市	南京师范大学	19
13	南京市	南京医科大学	6
14	南京市	南京中医药大学	3
15	镇江市	江苏大学	11
16	苏州市	苏州大学	26
17	扬州市	扬州大学	13
18	南京市	南京水利科学研究院	1
19	南京市	南京信息工程大学	1
20	南京市	南京艺术学院	5
21	南京市	南京邮电大学	2
22	南京市	中科院南京地理与湖泊研究所	1
23	南京市	中科院南京地质古生物研究所	1
24	南京市	中科院南京土壤研究所	2
25	南京市	中科院紫金山天文台	1
26	南京市	中科院国家天文台南京天文光学技术研究所	1
27	苏州市	中科院苏州纳米技术与纳米仿生研究所	1
28	南京市	解放军理工大学	10
29	南京市	南京政治学院	2

续上表

序　号	所在区域	单位名称	流动站数量
30	南京市	解放军国际关系学院	3
31	南京市	南京陆军指挥学院	4
32	南京市	海军指挥学院	2
合　计			268

南京大学(35个博士后科研流动站)

大气科学	地理学	地质学
化学	计算机科学与技术	中国史
生物学	数学	天文学
物理学	中国语言文学	工商管理
电子科学与技术	环境科学与工程	理论经济学
哲学	外国语言文学	社会学
应用经济学	法学	政治学
管理科学与工程	图书馆、情报与档案管理	马克思主义理论
材料科学与工程	地质资源与地质工程	临床医学
药学	基础医学	公共管理
戏剧与影视学	生态学	软件工程
世界史	考古学	

东南大学(28个博士后科研流动站)

生物医学工程	电气工程	土木工程
计算机科学与技术	交通运输工程	机械工程
数学	材料科学与工程	艺术学理论
哲学	力学	仪器科学与技术
环境科学与工程	公共卫生与预防医学	生物学
光学工程	临床医学	动力工程及工程热物理
建筑学	控制科学与工程	信息与通信工程
电子科学与技术	管理科学与工程	物理学
应用经济学	风景园林学	城乡规划学
软件工程		

南京航空航天大学(14个博士后科研流动站)

控制科学与工程	航空宇航科学与技术	机械工程

力学	仪器科学与技术	电气工程
信息与通信工程	交通运输工程	管理科学与工程
物理学	动力工程及工程热物理	计算机科学与技术
光学工程	软件工程	

南京理工大学 (14 个博士后科研流动站)

兵器科学与技术	控制科学与工程	仪器科学与技术
材料科学与工程	光学工程	化学工程与技术
机械工程	力学	信息与通信工程
电子科学与技术	计算机科学与技术	管理科学与工程
航空宇航科学与技术	环境科学与工程	

河海大学(12 个博士后科研流动站)

土木工程	水利工程	环境科学与工程
力学	工商管理	测绘科学与技术
管理科学与工程	电气工程	计算机科学与技术
海洋科学	马克思主义理论	社会学

南京农业大学(15 个博士后科研流动站)

兽医学	作物学	公共管理
科学技术史	农林经济管理	农业资源利用
园艺学	植物保护	生物学
食品科学与工程	水产科学	农业工程
畜牧学	生态学	草学

中国矿业大学(14 个博士后科研流动站)

测绘科学与技术	地质资源与地质工程	管理科学与工程
机械工程	力学	电气工程
矿业工程	控制科学与工程	土木工程
地质学	环境科学与工程	信息与通信工程
计算机科学与技术	安全科学与工程	

中国药科大学(2 个博士后科研流动站)

药学	中药学

江南大学(5个博士后科研流动站)

轻工技术与工程	食品科学与工程	控制科学与工程
纺织科学与工程	化学工程与技术	

南京工业大学(6个博士后科研流动站)

化学工程与技术	材料科学与工程	动力工程及工程热物理
矿业工程	土木工程	安全科学与工程

南京林业大学(8个博士后科研流动站)

林业工程	生物学	林学
农林经济管理	轻工技术与工程	机械工程
生态学	风景园林学	

南京师范大学(19个博士后科研流动站)

教育学	地理学	中国语言文学
生物学	数学	心理学
法学	马克思主义理论	外国语言文学
艺术学	体育学	物理学
哲学	中国史	化学
生态学	统计学	音乐与舞蹈学
设计学		

南京医科大学(6个博士后科研流动站)

临床医学	基础医学	公共卫生与预防医学
口腔医学	药学	特种医学

南京中医药大学(3个博士后科研流动站)

中医学	中药学	中西医结合

江苏大学(11个博士后科研流动站)

食品科学与工程	机械工程	动力工程及工程热物理
农业工程	管理科学与工程	材料科学与工程
控制科学与工程	交通运输工程	环境科学与工程
电气工程	力学	

苏州大学(26 个博士后科研流动站)

数学	中国语言文学	临床医学
基础医学	哲学	化学
体育学	中国史	物理学
光学工程	材料科学与工程	纺织科学与工程
应用经济学	法学	政治学
教育学	外国语言文学	设计学
公共卫生与预防医学	化学工程与技术	药学
计算机科学与技术	畜牧学	马克思主义理论
统计学	特种医学	

扬州大学(13 个博士后科研流动站)

中国语言文学	作物学	兽医学
化学	畜牧学	农业工程
植物保护	中国史	数学
水利工程	中西医结合	生物学
草学		

南京水利科学研究院(1 个博士后科研流动站)

水利工程

南京信息工程大学(1 个博士后科研流动站)

大气科学

南京艺术学院(5 个博士后科研流动站)

美术学	艺术学理论	音乐与舞蹈学
戏剧与影视学	设计学	

南京邮电大学(2 个博士后科研流动站)

信息与通信工程	电子科学与技术

中科院南京地理与湖泊研究所(1 个博士后科研流动站)

地理学

中科院南京地质古生物研究所（1个博士后科研流动站）

地质学

中科院南京土壤研究所（2个博士后科研流动站）

农业资源利用　　环境科学与工程

中科院紫金山天文台（1个博士后科研流动站）

天文学

中科院国家天文台南京天文光学技术研究所（1个博士后科研流动站）

天文学

中科院苏州纳米技术与纳米仿生研究所（1个博士后科研流动站）

化学

解放军理工大学（10个博士后科研流动站）

信息与通信工程　　土木工程　　机械工程
军队指挥学　　大气科学　　电子科学与技术
军事装备学　　兵器科学与技术　　计算机科学与技术
软件工程

南京政治学院（2个博士后科研流动站）

军队政治工作学　　马克思主义理论

解放军国际关系学院（3个博士后科研流动站）

军队指挥学　　政治学　　外国语言文学

南京陆军指挥学院（4个博士后科研流动站）

战术学　　军队指挥学　　战略学
军队政治工作学

海军指挥学院（2个博士后科研流动站）

战役学　　战术学

第三节　江苏省博士后工作站概况

博士后科研工作站（简称工作站）是指在具备独立法人资格的企业等机构内，经人社部批准可以招收博士后研究人员的组织。目前全省现有国家级博士后科研工作站300家。

南京市

南京熊猫电子集团
金城集团有限公司
南京汽车集团有限公司
（原跃进汽车集团公司）
南京南瑞集团
南京斯威特集团有限公司
（南京斯威特新技术创业有限公司）
南京国家高新技术产业开发区
南京军区南京总医院
中国电子科技集团公司第十四研究所
江苏雨润食品产业集团有限公司
南京医药股份有限公司
江苏省农业科学院
国电南京自动化股份有限公司
南京晨光集团有限责任公司
扬子石油化工股份有限公司
金陵药业股份有限公司
江苏省电力公司
南京军区联勤部军事医学研究所
南京华东电子集团有限公司
江苏先声药业（集团）有限公司
中材科技股份有限公司
（南京玻璃纤维研究设计院）
南京大陆中电科技股份有限公司
江苏出入境检验检疫局动植物与
食品检测中心
中国电子科技集团公司第二十八研究所
南京大学医学院附属鼓楼医院

中国船舶重工集团公司第七二四研究所
南京北方信息产业集团有限公司
总参第六十三研究所
江苏省有色金属华东地质勘查局
南京江宁经济技术开发区
南京钢铁联合有限公司
中环（中国）工程有限公司
（原江苏苏源环保工程股份有限公司）
南京红宝丽股份有限公司
南京圣和药业有限公司
南京蓝深制泵集团股份有限公司
江苏中圣高科技产业有限公司
农业部南京农业机械化研究所
环境保护部南京环境科学研究所
江苏省宏观经济研究院
江苏省体育科学研究所
江苏高科技投资集团有限公司
江苏凤凰出版传媒集团有限公司
中电电气集团有限公司
南京市徐庄软件产业基地管理委员会
南京市第一医院
中国电子科技集团公司第五十五研究所
南京中医药大学附属医院
（江苏省中医院）
国电科学技术研究院（环境保护研究院）

南京长江电子信息产业集团有限公司
南京栖霞建设股份有限公司
南京三宝科技集团有限公司
江苏金智科技股份有限公司
江苏省交通科学研究院有限公司
江苏省地质调查研究院
中材国际工程股份有限公司
江苏省建筑科学研究院有限公司
中国航天科工集团八五一一研究所
江苏省邮电规划设计院有限责任公司
弘业期货股份有限公司
江苏省环境科学研究院
南京江宁高新技术产业园管理委员会
南京市锅炉压力容器检验研究院
江苏高淳陶瓷股份有限公司
南化集团研究院

无锡市

华润微电子（控股）有限公司
（中国华晶电子集团公司）
无锡油泵油嘴研究所
无锡威孚高科技股份有限公司
（原无锡威孚集团有限公司）
江苏阳光集团有限公司
江苏双良集团有限公司
总参第五十六研究所（江南计算
技术研究所）
无锡小天鹅股份有限公司
（原江苏华宏实业集团有限公司）
凯诺科技股份有限公司
无锡国家高新技术产业开发区
江苏法尔胜泓昇集团有限公司
（原法尔胜集团公司）
申达集团有限公司（原申达集团）
中国航空工业第一集团公司航空
动力控制系统研究所
中国航空工业第一集团公司中航雷达与
电子设备研究院（中国雷华电子技术研究所）
总装备部工程兵科研一所
江阴兴澄特种钢铁有限公司
一汽解放汽车有限公司无锡柴油机厂
中国电子科技集团公司第五十八研究所
红豆集团有限公司
江苏三房巷集团有限公司
江苏沪宁钢机股份有限公司
无锡尚德太阳能电力有限公司
江苏太湖锅炉股份有限公司
无锡江南电缆有限公司
江苏华宏科技股份有限公司
中国宜兴环保科技工业园管理委员会
江苏怡达化工有限公司
无锡爱邦辐射技术有限公司
无锡市中医医院
无锡市东冶科技有限公司
公安部交通管理科学研究所
锡山经济技术开发区管理委员会
无锡济民可信山禾药业股份有限公司
无锡宏源机电科技有限公司
江阴海达橡塑股份有限公司
江苏银环精密钢管股份有限公司

江苏新潮科技集团有限公司
远东控股集团有限公司
（原江苏远东集团有限公司）
江阴模塑集团有限公司
江苏三木集团有限公司
江苏省无锡蠡园经济开发区
江苏天奇物流系统工程股份有限公司
江阴精亚集团有限公司
江阴天江药业有限公司
江苏省原子医学研究所
江苏焱鑫科技集团有限公司
江苏省血吸虫病防治研究所
无锡清华信息科学与技术国家实验室物联网技术中心
中国石化石油勘探开发研究院无锡石油地质研究所

徐州市

徐州工程机械集团有限公司
维维集团
江苏恩华药业股份有限公司
（原徐州恩华药业集团有限责任公司）
江苏万邦生化医药股份有限公司
徐州经济开发区
江苏徐州甘薯研究中心
徐州雷奥医疗设备有限公司
江苏华信塑业发展有限公司
江苏八达重工机械有限公司
徐州医学院附属医院
江苏省徐州锻压机床厂集团有限公司
江苏集群信息产业股份有限公司
徐州市中心医院
利民化工股份有限公司
江苏江昕轮胎有限公司

常州市

常柴股份有限公司
新科电子集团有限公司
（原江苏新科电子集团有限公司）
亚邦投资控股集团有限公司
（原江苏亚邦集团公司）
常林股份有限公司
常州国家高新技术产业开发区
江苏上上电缆集团有限公司
今创集团
常州亿晶光电科技有限公司
江苏华朋集团有限公司
常州华钛化学股份有限公司
南车戚墅堰机车有限公司
江苏安格特新材料科技有限公司
江苏华盛天龙光电设备股份有限公司
常州天合光能有限公司
新誉集团有限公司
中盐金坛盐化有限责任公司
南车戚墅堰机车车辆工艺研究所有限公司
常州市广成新型塑料有限公司

苏州市

苏州国家高新技术产业开发区
江苏万工科技集团有限公司

江苏沙钢集团有限公司
苏州工业园区
常熟开关制造有限公司（原常熟开关厂）
江苏永鼎股份有限公司
亨通集团有限公司
中国昆山经济技术开发区

高新张铜股份有限公司
江苏吴中集团
江苏吴江中国东方丝绸市场股份有限公司（原吴江丝绸股份有限公司）
江苏银河电子股份有限公司
江苏绿利来股份有限公司
江苏隆力奇集团有限公司
特灵空调系统（中国）有限公司
[原特灵空调系统（江苏）有限公司]
江苏飞翔化工股份有限公司
昆山软件园管理委员会
江苏梁丰食品集团有限公司
江苏紫荆花纺织科技股份有限公司
丹尼斯克（中国）有限公司
江苏盛泽国家级丝绸星火密集区
科林环保装备股份有限公司
（原江苏科林集团有限公司）

中化国际（苏州）新材料研发有限公司
苏州上声电子有限公司
苏州热工研究院有限公司
张家港市国泰华荣化工新材料有限公司
波司登股份有限公司
昆山龙腾光电有限公司
苏州明志科技有限公司
苏州市湘园特种精细化工有限公司
张家港中集圣达因低温装备有限公司
江苏梦兰集团有限公司

三一重机有限公司
江苏常铝铝业股份有限公司
昆山维信诺显示技术有限公司
江苏吴江汾湖经济开发区管委会

昆山市科技教育园区
江苏通鼎光电股份有限公司
吴江经济技术开发区管理委员会
苏州相城经济开发区管理委员会
江苏永钢集团有限公司
中利科技集团股份有限公司
圣欧芳纶（江苏）股份有限公司

南通市

南通科技投资集团股份有限公司
（原南通纵横国际股份有限公司）
江苏中联科技集团有限公司
南通江山农药化工股份有限公司
江苏林洋电子股份有限公司
（原江苏林洋电子有限公司）
江苏东源电器集团股份有限公司
南通市经济技术开发区
南通中集罐式储运设备制造有限公司

江苏熔盛重工有限公司

鑫缘茧丝绸集团（股份）有限公司
南通醋酸纤维有限公司
南通大学附属医院

通州建总集团有限公司
南通江海电容器股份有限公司
南通华新环保设备工程有限公司

南通富士通微电子股份有限公司
江苏金呢工程织物股份有限公司
中兴能源装备股份有限公司
南通中远船务工程有限公司
江苏京海禽业集团有限公司
江苏神马电力股份有限公司
中天科技集团有限公司
江苏神通阀门股份有限公司
南通四建集团有限公司
江苏华宇印涂设备集团有限公司

连云港市

江苏恒瑞医药股份有限公司
连云港中复连众复合材料集团有限公司
江苏康缘药业股份有限公司
江苏天明机械集团有限公司
江苏自动化研究所
（中国船舶重工集团公司第七一六研究所）
日出东方太阳能股份有限公司
（原江苏太阳雨太阳能有限公司）
江苏正大天晴药业股份有限公司
连云港经济技术开发区管理委员会
汉高华威电子有限公司
（江苏中电华威电子股份有限公司）
连云港市第一人民医院
江苏豪森药业股份有限公司
江苏太平洋石英股份有限公司
连云港鹰游纺机有限责任公司

淮安市

江苏沙钢集团淮钢特钢有限公司
淮安万邦香料工业有限公司
江苏天士力帝益药业有限公司
江苏省淮安市第一人民医院
淮安市农业科学研究院

盐城市

中大工业集团公司
江苏省阜宁经济开发区
江苏江动集团有限公司
江苏伯乐达集团
江苏东强股份有限公司
盐城市高新技术产业区管委会
马佐里（东台）纺机有限公司
大丰港经济区管理委员会
江苏悦达集团有限公司
江苏丰东热技术股份有限公司
建湖县经济开发区管理委员会
江苏剑桥涂装工程有限公司

扬州市

江苏宝胜集团有限公司
江苏里下河地区农业科学研究所
江苏扬农化工集团有限公司
扬州经济技术开发区管理委员会
扬州船用电子仪器研究所
江苏亚威机床股份有限公司
江苏长青农化股份有限公司
江苏省苏北人民医院

中国石化集团江苏油田
江苏诚德钢管股份有限公司
江苏琼花集团有限公司
扬州市广陵产业园管理委员会
江苏天雨环保集团有限公司
扬州中集通华专用车有限公司
邗江数控金属板材加工设备产业基地
江苏华伦化工有限公司
江苏华富储能新技术股份有限公司
江苏省（扬州）数控机床研究院
江苏牧羊集团有限公司
江苏恒远国际工程有限公司

镇江市

大全集团有限公司
（原江苏长江电气集团有限公司）
大亚科技股份有限公司
（原江苏大亚新型包装材料股份有限公司）
江苏恒顺集团有限公司
金东纸业（江苏）股份有限公司
［原金东纸业（江苏）有限公司］
江苏华通动力重工有限公司
（原镇江华晨华通路面机械有限公司）
江苏宏达化工新材料股份有限公司
镇江金钛软件有限公司
恒宝股份有限公司
江苏绿扬电子仪器集团有限公司
江苏南自通华电器（气）集团有限公司
江苏恒神纤维材料有限公司
镇江市电站辅机厂有限公司
丹阳市精密合金厂有限公司
江苏荣昌新材料科技有限公司

泰州市

春兰（集团）公司
扬子江药业集团
江苏河海科技工程集团有限公司
（原江苏河海纳米科技股份有限公司）
江苏梅兰化工集团
江苏双登集团有限公司
（原江苏隆源双登电源有限公司）
江苏苏中药业集团股份有限公司
（原江苏苏中制药有限公司）
江苏中丹集团股份有限公司
江苏济川制药有限公司
江苏省第一建筑安装有限公司
泰州新药创制服务中心
江苏兴达钢帘线股份有限公司
江苏三江电器集团有限公司
江苏林海动力机械集团公司
江苏江山制药有限公司
江苏亚太泵阀有限公司
江苏太平洋精锻科技股份有限公司
江苏双达泵阀集团有限公司
江苏红膏大闸蟹有限公司

江苏靖江互感器厂

泰兴市

江苏泰隆机械集团公司

宿迁市

宿迁市农科院（原骆马湖开发区）
江苏双沟酒业股份有限公司
江苏洋河酒厂股份有限公司
江苏绿陵化工集团有限公司
江苏苏北花卉股份有限公司

第四节　江苏省博士后创新实践基地概况

博士后创新实践基地（简称创新实践基地）是指在具有独立法人资格的企业等机构内，经江苏省人力资源和社会保障厅批准可以委托流动站招收博士后研究人员的组织。目前全省现有省级博士后创新实践基地 322 家。

南京市

江苏省社会科学院
江苏省标准化研究院
南京科瑞达电子装备有限责任公司
南京市交通规划研究所有限责任公司
南京中网卫星通信股份有限公司
红太阳集团有限公司
南京市规划设计研究院有限责任公司
江苏南大戈德环保科技有限公司
南京聚隆化学实业有限责任公司
江苏省环境监测中心
江苏省盐业集团有限责任公司
朗诗置业股份有限公司
南京脑科医院
南京医科大学附属南京儿童医院
南京鼎业百泰生物科技有限公司
南京康尼机电股份有限公司
南京三乐电子信息产业集团有限公司
南京大地水刀股份有限公司
南京化学工业园区管理委员会
南京倍立达实业有限公司
中国人民解放军总参谋部第六十研究所
南京鹏力科技有限公司
江苏省中医药研究院
江苏柯菲平医药有限公司
江苏鼎泰药物研究有限公司
南京中电环保股份有限公司
南京市产品质量监督检验院
南京中锗科技股份有限公司
南京锋晖复合材料有限公司
南京优科生物医药有限公司
江苏省检验检疫科学技术研究院
江苏苏豪国际集团股份有限公司
江苏省电力设计院
中建安装工程有限公司

江苏省交通规划设计院股份有限公司
江苏省城市规划设计研究院
江苏省专利信息中心
南京经济技术开发区管理委员会
南京市雨花软件园管理委员会
南京金埔园林建设发展有限公司
南京奥特佳冷机有限公司
中船重工鹏力(南京)大气海洋信息系统有限公司
江苏中江种业股份有限公司
南京飞燕活塞环股份有限公司
南京工大数控科技有限公司

无锡市

无锡市江南橡塑机械有限公司
江苏雅克科技股份有限公司
江苏晶石科技集团有限公司
江苏共昌轧辊有限公司
江苏新日电动车股份有限公司
江苏宝利沥青股份有限公司
无锡宝通带业股份有限公司
无锡中彩科技有限公司
江苏高科石化股份有限公司
无锡高精科技农业有限公司
无锡市手外科医院
无锡新宏泰电器科技股份有限公司
无锡国盛精密模具有限公司
江苏申锡建筑机械有限公司
无锡市海联舰船附件有限公司
无锡透平叶片有限公司
无锡市产品质量监督检验所
无锡威克集团有限公司
江苏麟龙新材料股份有限公司
无锡广播电视集团
艾特克控股集团有限公司
江苏地龙管业有限公司
无锡市妇幼保健院
无锡出入境检验检疫局检验检疫综合技术中心
无锡雪浪环境科技股份有限公司
无锡杰夫电声有限公司
宜兴协联生物化学有限公司
无锡百川化工股份有限公司
无锡洲翔成套焊接设备有限公司
江阴市电工合金有限公司
无锡环境科学与工程研究中心
无锡光旭新材料科技有限公司
江苏亨鑫科技有限公司
江苏新扬子造船有限公司
江苏赛福天钢索股份有限公司
华瑞制药有限公司
元亮科技有限公司
无锡市凯旋电机有限公司
无锡市第二人民医院
无锡化工装备有限公司(原无锡化工装备总厂)

徐州市

江苏金浦北方氯碱化工有限公司
江苏天宝汽车电子有限公司
江苏恒盛化肥有限公司
江苏省徐州锻压机床厂集团有限公司
江苏蓝丰生物化工股份有限公司
江苏惠利隆塑业集团有限公司
江苏伟楼生物科技有限公司
江苏省徐州高新技术产业开发区管理委员会
江苏徐州工业园区管理委员会
江苏沛县经济开发区管理委员会

新沂市骆马湖水产品科技有限公司
中国矿业大学国家大学科技园管理委员会
江苏新沂经济开发区管理委员会
江苏久祥汽车电器集团有限公司
徐州万佳牧业科技发展有限公司
徐州市肿瘤医院
徐州市华网信息科技有限公司
徐州龙华农业机械科技发展有限公司
邳州鑫源生物制品有限公司
江苏远大前程牧业有限公司

常州市

江苏华威世纪电子集团有限公司
江苏正昌集团有限公司
常州先进制造技术研究所（原常州机械电子工程研究所）
江苏晨光涂料有限公司
江苏旷达汽车织物集团股份有限公司
溧阳市长荡湖水产良种科技有限公司
冶建新材料股份有限公司（原江苏冶建防腐材料有限公司）
江苏安靠智能输电工程科技股份有限公司（原江苏安靠超高压电缆附件有限公司）
瑞声声学科技（常州）有限公司
常州市康辉医疗器械有限公司
江苏强林生物能源材料有限公司（原江苏强林生物能源有限公司）
常州华通焊丝有限公司
江苏瑞阳化工股份有限公司
江苏华荣生物科技有限公司
创生医疗器械（江苏）有限公司
布勒（常州）机械有限公司
江苏南方轴承股份有限公司
常州市科研试制中心有限公司
江苏金源锻造股份有限公司
常州市立华畜禽有限公司
常州市建筑科学研究院股份有限公司
中海油常州涂料化工研究院
溧阳市天目湖农业发展有限公司
江苏宏微科技有限公司
江苏省溧阳市云龙设备制造有限公司
常州市润源经编机械有限公司
常州市创意产业基地管理委员会
常州亚玛顿股份有限公司
溧阳市天目湖茶叶研究所
盛利维尔（中国）新材料技术有限公司
江苏常宝钢管股份有限公司

苏州市

好孩子儿童用品有限公司
江苏昆山花桥经济开发区管理委员会
苏州海陆重工股份有限公司
江苏亿通高科技股份有限公司
太仓市科技创业园暨留学人员创业园
江苏苏南特钢科技有限公司
苏州国际发展集团有限公司
苏州斯迪克新材料科技股份有限公司
吴江市水产养殖有限公司
苏州市康绿农产品发展有限公司

美特科技（苏州）有限公司
阳立电子（苏州）有限公司
江苏七洲绿色化工股份有限公司
艾利（昆山）有限公司
苏州洞庭福岗农业技术开发有限公司
太仓制药厂
长江润发集团有限公司
苏州市兴业铸造材料有限公司
吴江市变压器厂有限公司
金莱克电气股份有限公司
江苏省常熟经济开发区管理委员会
苏州科技城管理委员会
常熟大学科技园管理委员会
昆山高新技术产业开发区管理委员会
江苏吴通通讯股份有限公司
张家港化工机械股份有限公司
昭衍（苏州）新药研究中心有限公司
张家港经济技术开发区管理委员会
太仓港经济技术开发区管理委员会
苏州吴中经济开发区管理委员会
江苏省苏州工业园区生物医药科技产业园
苏州相城潘阳留学人员创业园管理委员会
江苏高科技氟化学工业园管理委员会
国家火炬计划昆山传感器产业基地
江苏省张家港保税区管理委员会
苏州高铁新城管理委员会
苏州高新技术创业服务中心
江苏金龙科技股份有限公司
苏州通润驱动设备股份有限公司
江苏扬子江国际冶金工业园管理委员会
昆山康佳电子有限公司
昆山京昆油田化学科技开发公司
中美冠科生物技术（太仓）有限公司
苏州华源包装股份有限公司

南通市

金轮科创股份有限公司
欧贝黎新能源科技股份有限公司
江苏九鼎新材料股份有限公司
江苏华源氢能科技发展有限公司
江苏联发纺织股份有限公司
双钱集团（如皋）轮胎有限公司
江苏九九久科技股份有限公司
启东道达重工有限公司
通光集团有限公司
江苏中洋集团股份有限公司
南通中远川崎船舶工程有限公司
江苏宇迪光学股份有限公司
海门慧聚药业有限公司
南通万宝实业有限公司
江苏力星通用钢球股份有限公司
江苏金太阳纺织科技有限公司

连云港市

中蓝连海设计研究院
江苏中金玛泰医药包装有限公司
（原连云港黄海机械厂有限公司）
江苏省海洋资源开发研究院
（原江苏中鹏电子有限公司）
连云港市农业科学院
连云港振兴实业集团有限公司
连云港黄海机械股份有限公司
江苏中鹏新材料股份有限公司
江苏佳宇资源利用股份有限公司

江苏东海经济开发区管理委员会
连云港海水化工有限公司
江苏汤沟两相和酒业有限公司
江苏远征化工有限公司
江苏海州经济开发区管理委员会
江苏中国科学院能源动力研究中心

淮安市

江苏今世缘酒业有限公司
中国淮安留学人员创业园管理委员会
江苏淮阴辉煌太阳能有限公司
淮安市第二人民医院
江苏爱特福 84 股份有限公司
江苏理士电池有限公司
江苏瑞上医疗器械有限公司
江苏金石机械集团有限公司
江苏海隆国际贸易有限公司
淮安市百麦绿色生物能源有限公司
江苏淮河化工有限公司
江苏神华药业有限公司

盐城市

江苏森威集团有限责任公司
江苏省盐城经济开发区管理委员会
江苏中科节能环保技术有限公司
盐城市宏达纺织器材有限公司
（江苏神泰科技发展有限公司）
江苏长虹涂装机械有限公司
胜达集团江苏双灯纸业有限公司
江苏日月照明电器有限公司
江苏吉华化工有限公司
盐城顶益食品有限公司
江苏省大丰麋鹿国家级自然
保护区管理处
江苏恒力组合机床有限公司
江苏联化科技有限公司
江苏紫光吉地达环境科技股份有限公司
盐城捷康三氯蔗糖制造有限公司
江苏中力齿轮有限公司
盐城三益石化机械有限公司
江苏豪迈照明科技有限公司
大丰市大奇金属磨料有限公司
江苏绿叶农化有限公司
江苏万恒铸业有限公司
江苏德赛化纤有限公司

扬州市

仪征双环活塞环有限公司
江苏联环药业集团有限公司
扬州宏远电子有限公司
江苏中惠医疗科技股份有限公司
扬州市沿江农业科技有限公司
江苏史福特光电科技有限公司
扬州龙川钢管有限公司
扬州曙光电缆有限公司
江苏海明医疗器械有限公司
扬州新扬科技发展产业有限公司
扬州晨化科技集团有限公司
江苏邗建集团有限公司
扬州宁达贵金属有限公司
江苏扬农化工股份有限公司

扬州恒信仪表有限公司
江苏金鑫电器有限公司
江苏荣能集团有限公司
江苏迅达电磁线有限公司
江苏雷宇高电压设备有限公司
扬州信息服务产业基地管理办公室
江苏精湛光电仪器有限公司
江苏晶鑫高温材料有限公司
扬州赛尔达尼龙制造有限公司
江苏省江建集团有限公司
亚普汽车部件股份有限公司

镇江市

江苏索普(集团)有限公司
江苏南自通华电气集团有限公司
江苏鱼跃医疗设备股份有限公司
句容市宁武化工有限公司
江苏稳润光电有限公司
江苏华阳金属管件有限公司
江苏丹化集团有限责任公司
江苏天工工具有限公司
江苏吉贝尔药业有限公司
华鹏集团公司
江苏太白集团有限公司
江苏环太集团有限公司
江苏特密斯混凝土外加剂有限公司
江苏丹毛纺织股份有限公司
江苏捷诚车载电子信息工程有限公司
沃得精机(中国)有限公司
镇江鼎胜铝业股份有限公司
镇江液压件厂有限责任公司
江苏文光车辆附件有限公司
镇江市金舟软件有限责任公司
江苏扬中经济开发区管理委员会
万新光学集团
江苏柳工机械有限公司
海龙核材科技(江苏)有限公司
江苏吟春碧芽股份有限公司

泰州市

江苏格尔顿传动有限公司
靖江市特种粘合剂有限公司
泰通(泰州)工业有限公司
江苏飞船股份有限公司
江苏明星减震器有限公司
卓然(靖江)设备制造有限公司
江苏联兴成套设备制造有限公司
江苏永丰投资集团有限公司
江苏恒义汽配制造有限公司
靖江国信通信有限公司
江苏振华泵业制造有限公司
江苏江分电分析仪器有限公司
江苏新世纪造船有限公司
江苏海天泵阀制造有限公司
泰兴市锦鸡染料有限公司
江苏东华测试技术股份有限公司
江苏兆胜空调有限公司
泰州口岸船舶有限公司
五行材料科技(江苏)有限公司
江苏星火特钢有限公司
江苏宏大特种钢机械厂有限公司
江苏宇成动力集团有限公司
江苏九寿堂生物制品有限公司
江苏施美康药业股份有限公司

宿迁市

江苏箭鹿毛纺股份有限公司

中节能（宿迁）生物质能发电有限公司

浙江天能电池（江苏）有限公司

斯迪克新型材料（江苏）有限公司

江苏腾盛纺织科技集团有限公司

第三章　博士后政策概述

第一节　博士后事业发展规划

为贯彻落实《中华人民共和国国民经济和社会发展第十二个五年规划纲要》、《国家中长期人才发展规划纲要（2010—2020年）》、《专业技术人才队伍建设中长期规划（2010—2020年）》和《人力资源和社会保障事业发展“十二五”规划纲要》精神，根据我国博士后事业发展现状和未来趋势，进一步改革完善博士后制度，发挥博士后制度在增强自主创新能力、壮大创新人才队伍、培养高层次专业技术人才中的重要作用，制定本规划。

一、取得的成绩和面临的形势

博士后制度是我国有计划、有目的培养高层次人才的一项重要制度。“十一五”期间，我国博士后事业坚持服务经济社会发展的方向，坚持培养和使用相结合，坚持产学研相结合，不断深化制度改革，培养了一批国家急需的高层次创新型人才，取得了一批高水平的科研成果，在促进学科交叉、产学研相结合方面发挥着独特的作用，为促进我国科技创新和经济社会发展，发挥了重要作用。博士后制度已经成为各地区培养、吸引高层次人才的重要渠道；成为把企业建成技术创新主体的重要平台；成为高校、科研院所筛选、补充师资和科研人员的重要来源。博士后研究人员已经成为最活跃、最具创新能力的高层次青年人才群体。

“十一五”期间，我国博士后事业取得了长足发展。进一步扩大了博士后工作设站规模和覆盖面，提高了博士后日常经费资助标准和基金资助强度，健全了博士后科研流动站和工作站评估制度，新增了特别资助和国内外博士后学术技术交流项目，博士后制度不断完善、资金投入不断加大、规模不断扩大、质量不断提高、服务不断加强。截至2010年底，全国共415个单位设立博士后科研流动站2 146个，比“十五”期末增加783个，增幅达到57.45%，设站单位包括了全部“985”高校和绝大部分“211”高校、各主要科研院所；共设立博士后科研工作站2 158个，比“十五”期末增加840个，增幅达到63.72%。累计招收博士后研究人员80 661人，比“十五”期末增加43 180人，增幅达到115.21%。五年来，中央财政累计投入博士后事业17.36亿元，是“十五”期间的4.90倍。

“十二五”时期是全面建设小康社会的关键时期，加快转变经济发展方式，提高自主创新能力，加快建设人才强国对博士后工作提出了新的更高的要求。我国博士后工作虽然取得了显著成绩，但与新情况、新要求相比，还存在一些亟待解决的问题，主要是博士后研究项目与国家重大科技项目、重大工程项目结合不够紧密；博士后研究人员创新能力不够强、培养质量有待提高；博士后研究人员在科研团队中的比例还偏低、作用还不够突出，博士后的人才引进作用还不够明显；博士后研究人员国际交流不够广泛、国际化水平不高；博士后考核评估机制与服务体系建设有待加强和改进等。

二、指导思想和目标任务

“十二五”时期，博士后工作要按照《国家中长期人才发展规划纲要（2010—2020年）》提出的改革完善博士后制度，建立多元化的投入渠道，发挥高等学校、科研院所和企业的主体作用，提高博士后培养质量的新要求，不断解放思想、更新观念，研究博士后工作的新情况、新特点，在新的起点上更好推进博士后事业科学发展。

（一）指导思想

坚持以邓小平理论和“三个代表”重要思想为指导，深入贯彻落实科学发展观，围绕加快转变经济发展方式的主线，全面实施科教兴国战略和人才强国战略，改革完善制度，着力提高质量，优化布局结构，鼓励多元投入，健全服务体系，造就创新人才，加快培养造就一支跨学科、复合型和战略型博士后人才队伍，为提高我国自主创新能力、建设创新型国家、为实现全面建设小康社会的奋斗目标提供强有力的人才支撑和智力支持。

（二）基本原则

1. 坚持扩大规模和提高质量相统一。在稳步扩大博士后科研流动站、工作站设站规模，在增加博士后研究人员招收规模的基础上，把质量建设放在更加突出的位置，优化布局结构，着力提高质量。

2. 坚持培养和使用相结合。坚持在培养中用好人才，在使用中培养人才。加强博士后与国家重大科技项目、重大工程项目的结合，使博士后研究人员在实际工作中锻炼成长，在成长过程中为我国经济社会发展贡献力量。

3. 坚持流动站和工作站发展相协调。发挥博士后科研流动站在基础研究、新兴学科、交叉学科发展中的独特作用。通过博士后科研流动站和工作站的协调发展促进产学研相结合，引导优秀博士后研究人员为企业技术创新作贡献。

4. 坚持完善制度和强化服务相促进。改革和完善博士后制度，发挥博士后制度优势，充分调动和发挥各方面积极性。完善博士后服务体系，形成全方位、多层次的保障服务，以改革完善制度促进服务体系建设，以服务体系建设保障博士后制度发展，营造有利于创新人才脱颖而出的体制机制。

（三）目标任务

“十二五”时期，博士后工作的主要任务是：改革完善博士后管理制度；着力提高博士后研究人员培养质量；稳步扩大博士后的覆盖面和规模；完善博士后服务保障体系，将博士后研究人员纳入国家社会保障体系；加大对博士后工作的投入，形成多元化投入格局；扩大国内外学术交流，加大吸引留学人员和外籍博士从事博士后研究工作力度，提高博士后研究人员在科研团队中的比例和贡献率，为提高我国自主创新能力提供有力的人才支撑。

1. 进一步扩大博士后研究人员招收规模。博士后研究人员招收人数每年递增10%，到2015年，年招收博士后研究人员达到1.7万人，比2010年提高60%左右。

2. 进一步提高高校和科研院所博士后工作的覆盖面。到2015年，博士后科研流动站增加600个左右，比2010年提高28%。博士后研究人员在科研团队中比例达到10%。

3. 博士后研究人员成为重点高校和科研院所师资和科研人员的重要来源。到2015年，重点高校和科研院所在引进教师和科研人员时具有博士后研究经历人员的比例达到30%。

4. 稳步扩大企业博士后工作站规模。到2015年，博士后科研工作站增加700个左右，比2010年提高32%。企业招收博士后研究人员占当年全国总招收人数的30%。

5. 加大财政投入。国家对博士后日常经费投入比例占当年进入流动站人数的三分之一左右，并向基础学科、交叉学科和新兴学科倾斜。中国博士后科学基金保持平稳较快发展。"十二五"期间，国家财政对博士后事业的投入比"十一五"有较大提高。

专栏1："十二五"时期主要指标

指　　标	2010年基数	2015年目标	属性
博士后研究人员年招收人数（万人）	1	1.7	预期性
博士后科研流动站数（个）	2 146	2 746	预期性
博士后科研工作站数（个）	2 158	2 858	预期性
企业博士后占当年全国总招收数的比例（%）	16	30	预期性
博士后在科研团队中的比例（%）	4	10	预期性
博士后在重点单位人才引进中的比例（%）	12	30	预期性

三、政策措施

（一）改革完善制度

根据我国博士后事业发展情况和培养目的多样化趋势，进一步改革完善博士后制度，增强制度的灵活性与吸引力。健全完善国家、地方（部门）和设站单位分级管理体制，形成责权明晰、分工科学、协调高效、机制灵活、管理规范的博士后工作分级管理体制和运行机制。推动博士后工作制度创新，积极推动有条件的单位进行博士后管理创新试点，鼓励地方政府根据地区经济社会发展实际，建立博士后创新实践基地。

坚持以用为本，健全充分发挥博士后作用的机制。充分发挥高校、科研院所、企业的主体作用；强化博士后评估工作，形成科学、高效的评估制度；加强对博士后研究人员的考核工作，建立健全客观、科学、高效、公正的博士后研究人员管理考核办法；严厉惩处各种科研学术不端行为，加强科研学术道德建设。

专栏2：博士后工作管理体制改革

建立国家、地方（部门）和设站单位的分级管理体制。国家主要负责总体规划、政策制定、组织协调与监督管理，设站审批、评估、表彰、培训等工作项目。各省、自治区、直辖市负责研究制定本地区发展规划和配套政策、措施，加强对本地区博士后工作的管理、指导和监督。设站单位负责博士后招收与管理的具体事项。有关部门可以制定配套政策、措施，负责本部门博士后工作的指导、协调和监督。目前，已在全国19个省、自治区、直辖市实施博士后工作管理体制改革。"十二五"期间，将在有条件的省、自治区、直辖市继续推进博士后工作管理体制改革。

（二）优化布局结构

根据国家经济社会发展和科技创新需要开展增设博士后科研流动站、工作站工作，新设博士后科研流动站向基础学科、新兴学科、交叉学科、国家重点发展的学科倾斜，新设博士后科研工作站向《国家中长期科学和技术发展规划纲要（2006—2020年）》提出的战略性新兴产业、关系国家经济社会发展的重点产业倾斜。

逐步提高博士后研究人员在高校和科研院所科研队伍中的比例和作用，逐步形成有条件的重点高校和科研院所以博士后研究人员作为师资和科研人员主要来源的用人机制。支持设站单位稳步扩大博士后研究人员的招收规模，形成通过博士后制度选人、用人的机制。

（三）着力提高质量

发挥合作导师在博士后研究人员招收、培养、质量管理过程中的主导作用，明确合作导师在博士后培养过程中的权利和责任。合作导师可根据科研项目的需要招收博士后研究人员，延长博士后研究人员在站时间。

加强博士后研究人员与国家重大科技项目的结合，扩大国家重点实验室等国家级科技平台招收博士后规模，推进科技创新。逐步理顺科研团队的构成结构，确立博士后研究人员在团队中的中坚作用，使博士后研究人员成为国家级科技平台科研队伍中的一个重要层次。

加强对博士后研究人员进出站考核的监督、检查力度，规范博士后研究人员进出站考核工作。加强以创新性科研成果和创新性思维能力为核心评价标准的博士后绩效考核评估体系建设。健全完善博士后研究人员退出机制，对考核不合格的博士后研究人员做退站处理。出台相关政策措施，明确退站博士后研究人员的户口、档案等迁转，解决博士后研究人员滞站问题。

（四）加强流动站、工作站建设

发挥设站单位在博士后培养和使用中的重要作用，强化合同管理，明确博士后研究人员、合作导师和博士后科研流动站（工作站）各方的权利义务，最大限度地减少由于权责不清而造成的矛盾或冲突对博士后科研工作的干扰和消极影响。

坚持加强博士后科研流动站与工作站的实质性联合，通过科研项目促进博士后科研流动站与工作站之间的联合，加速高校、科研院所的科研成果转化，提高企业科研、产品开发能力和研发人才队伍建设；探索深化产学研结合的新机制、新模式，打造以博士后研究人员为主体的企业核心研发团队。

加强博士后科研流动站、工作站评估工作，建立科学、高效、规范、专业的博士后科研流动站（工作站）定期评估制度，引入竞争机制，坚持优胜劣汰。对评估不合格的博士后科研流动站、工作站提出警告并限期整改，整改不合格或不具备继续开展博士后工作条件的，坚决予以撤销。

专栏3：博士后科研流动站和工作站评估
定期开展博士后科研流动站和工作站评估工作，建立优胜劣汰机制，提高博士后工作质量，推动博士后事业健康发展。评估工作分为新设站评估和综合评估：对新设立的博士后科研流动站、工作站在设站满3年时开展新设站评估，评估结果分为合格、不合格2个等级；对设站3年以上的博士后科研流动站、工作站每5年开展一次综合评估，评估结果分为优秀、良好、合格、不合格4个等级。

（五）大力加强企业博士后工作

坚持扩大企业博士后招收规模，适度提高企业博士后研究人员比例，优化博士后人才队伍结构。鼓励地方政府和企业投入更多经费，支持企业招收博士后研究人员，引导更多高层次创新型科技人才向企业集聚。

改进对企业博士后的考核评价机制，更加注重获得专利、发明和提高经济效益的能力，按规定对在企业技术创新中作出突出贡献的博士后研究人员给予奖励。

加大中央企业博士后工作力度，不断提高中央企业科技水平和核心竞争力。加强非公有制经济领域和中小型科技企业博士后工作。通过加强高新区、开发区、创业园博士后工作，建立博士后创新实践基地，开展项目博士后工作等多种途径，统筹为规模较小、有创新需要的科技企业提供博士后工作服务。

（六）健全服务保障体系

加强博士后服务窗口建设，健全博士后网上办公系统，建设博士后交流服务系统，形成功能齐全、高效便捷的博士后公共服务体系。按照国家有关政策，将博士后研究人员纳入社会保障体系，完善博士后研究人员各种社会保障。投入一定经费，在博士后研究人员比较集中、博士后公寓严重不足的城市分批集中建造一些博士后公寓，缓解博士后研究人员在站流动期间住房不足问题，使博士后研究人员真正做到安心科研、有序流动。

四、重点项目

（一）博士后经费投入支持计划

中央财政对博士后日常经费和科学基金的投入逐年增加，支持各单位扩大博士后研究人员招收规模，提高博士后研究人员在科研团队中的比例和贡献率。鼓励和引导地方政府和部门加大对博士后工作投入力度，激励社会民间资本投入博士后培养事业，进一步建立健全多元化的经费投入机制和激励机制。优化博士后学科分布结构和经费投入结构，调整各学科领域博士后人数和经费投入比例，加强国家对各基础学科、交叉学科和新兴学科博士后培养的经费支持力度。

专栏 4：博士后研究人员日常经费资助
“十二五”期间继续实行博士后研究人员日常经费资助，标准为每人每两年 10 万元。2010 年，国家资助招收博士后研究人员计划指标数为 2 550 名，占当年全国招收博士后研究人员总数的 24.15%。“十二五”期间，国家资助博士后研究人员计划指标数增加到当年进入博士后科研流动站博士后研究人员的三分之一左右；各地区、各部门对博士后研究人员的日常经费资助金额也要相应增加。

改革和完善《中国博士后科学基金资助办法》，突出对博士后创新人才的资助，扶持博士后研究人员开展创新研究；基金资助适当向基础性、原创性、公益性项目倾斜，向企业博士后倾斜。以中央财政拨款为主导，通过多层次配套、多元化投入保持博士后基金资助水平平稳增长，资助强度稳步提高。推进基金资助工作的信息化，提升基金资助及管理工作的科学化水平。完善基金评审机制，进一步规范基金资助经费的使用，实施基金资助效益评估，不断提高基金资助效益。

专栏 5：博士后科学基金资助

博士后科学基金资助分面上资助和特别资助两种类型。特别资助标准为每人 10 万元，面上资助分 5 万元和 3 万元两档。2010 年，共资助 4 191 人，资助金额达到 1.86 亿元。“十二五”期间，将加大中央财政投入，鼓励社会多元投入，保持基金资助规模平稳较快增长。各地区、各部门也要相应加大对博士后研究人员的科研资助力度。

（二）博士后国内外学术交流计划

加大博士后学术交流力度。扩大全国博士后学术交流规模，聘请各行业、各学科一流专家与博士后研究人员交流，提高交流质量和水平。鼓励各地、各部门、各行业、各单位开展小规模的学术交流，在交流中创新创造。形成国家、地方政府（部门）、设站单位三个层次的学术交流平台。

加强博士后研究人员的国际交流。推进博士后国际化，探索创新国际联合培养博士后的新机制、新模式。开展“香江学者计划”，从国内重点高校和科研院所中选派部分优秀博士后研究人员赴香港高校从事博士后研究工作。制订切实可行的交流计划，加大外籍博士后招收力度，加大吸引留学博士回国从事博士后工作力度，继续对留学回国博士给予专门资助。在科研团队中逐步加大外籍（境外）和有留学经历的博士后研究人员规模。

鼓励博士后研究人员在站期间参与国际合作，参加国际学术会议。鼓励有条件的设站单位同海外高水平教育机构、科研机构、企业建立联合研发基地，合作培养博士后研究人员。在保证交流畅通的基础上，规范交流程序，防止人才和技术流失。

专栏 6：香江学者计划

“十二五”期间，实施“香江学者计划”。每年从国内重点高校、科研院所选派 50 名优秀博士后研究人员赴香港高校，在港方合作导师指导下，开展为期 2 年的博士后研究工作。重点培养基础研究、生物医学、信息技术、农业、新能源、新材料、先进制造等专业领域人才。全国博管办资助每人 30 万元人民币，港方资助 30 万元港币。

（三）博士后人才交流与科技项目洽谈计划

加大与地方政府合作举办博士后人才交流与科技项目洽谈会力度，对成效比较好的洽谈会给予一定的经费资助，支持其长期开展博士后洽谈工作。

鼓励支持地方政府、有关部门举办博士后人才引荐、项目交流、科技成果转化、博士后科技服务团、博士后挂职锻炼等活动。加强对全国高校博士后管理工作研究会、各地博士后联谊会、博士后工作协会等组织的指导工作，发挥他们在博士后交流与服务方面的积极作用。

专栏 7：博士后人才交流与科技项目洽谈会

开展博士后人才交流与洽谈活动，为博士后科研流动站和工作站招收博士后研究人员、博士后就业引荐、博士后学术技术交流和科技项目洽谈提供服务。“十二五”期间，将不断扩大博士后人才交流与科技项目洽谈会覆盖面和规模，形成国家、地方、行业多层次的博士后人才交流与科技项目洽谈平台。

五、组织实施

（一）加强对博士后“十二五”规划实施工作的组织领导

各省、自治区、直辖市和各有关部门要充分认识博士后工作在人才工作中的重要性和独特作用，把博士后工作作为加快建设人才强国战略部署中的一项重要任务，认真总结“十一五”期间成功经验和做法，按照服务发展、人才优先、以用为本、创新机制、高端引领、整体开发的方针，加强对实施博士后“十二五”规划的领导，落实本地区（部门）博士后事业发展任务。

（二）营造实施博士后“十二五”规划的良好环境

要大力宣传博士后制度政策，宣传博士后工作成效，使全社会关心重视博士后工作。要加强博士后工作力量，各设站单位要在明确博士后管理工作责任、健全博士后工作制度基础上，形成完整的博士后管理工作机制，确保博士后工作规范化、制度化、日常化。要切实加强人员培训，深入开展政策理论学习，探索博士后培养使用的新举措，创新博士后管理方式方法，提高管理服务水平，形成落实博士后“十二五”规划的良好环境氛围。

（三）落实实施博士后“十二五”规划的责任要求

各省、自治区、直辖市和各有关部门要把博士后工作纳入人才工作总体规划中，把博士后“十二五”规划的责任和任务分解落实，密切配合，协调推进，制定实施规划的具体措施，建立对博士后工作日常的监测、评估、考核机制，确保各项任务的落实。

“十二五”时期，是我国人才事业发展的重要机遇期。为全面实现本规划提出的目标任务，各级博士后工作管理部门要充分认识博士后工作在贯彻落实科学发展观，深入实施人才强国战略，转变经济发展方式，建设创新型国家中的重要作用，切实加强领导，协调各方力量，保证规划的落实，为全面实现“十二五”期间博士后事业发展的目标任务而奋斗。

第二节　博士后管理工作规定

第一章　总则

第一条　为保证博士后事业持续健康发展，加强博士后管理工作，制定本规定。

第二条　博士后制度是指在高等院校、科研院所和企业等单位设立博士后科研流动站（以下简称流动站）或博士后科研工作站（以下简称工作站），招收获得博士学位的优秀青年，在站内从事一定时期科学研究工作的制度。

国家建立博士后制度，旨在吸引、培养和使用高层次特别是创新型优秀人才，建立有利于人才流动的灵活机制，促进产学研结合。

第三条　本规定所称流动站是指在高等院校或科研院所具有博士授予权的一级学科内，经批准可以招收博士后研究人员的组织。

本规定所称工作站是指在具备独立法人资格的企业等机构内，经批准可以招收博士后研究人员的组织。

在流动站或工作站从事研究工作的人员称为博士后研究人员(以下简称博士后人员)。

第四条　博士后管理工作坚持政府主导与社会参与相结合的原则,坚持公开、平等、竞争、择优的原则,注重提高质量,稳步扩大规模,健全完善制度。

第二章　管理机构

第五条　人事部是全国博士后工作综合管理部门,负责制定博士后工作的政策、规章、规划,并组织实施。

全国博士后管理委员会由国务院人事、科技、教育、财政等有关部门的负责人和有关专家组成,负责对全国博士后工作中的重大问题进行研究和协调。全国博士后管理委员会办公室设在人事部专业技术人员管理司。

第六条　省、自治区、直辖市政府人事部门管理本地区博士后工作,建立由人事部门牵头,有关单位和专家组成的博士后管理协调机制,结合本地区的实际情况,研究制定符合本地区特点的博士后发展规划和配套政策、措施。经人事部批准,省、自治区、直辖市博士后管理部门可承担本地区的博士后设站申报、博士后工作评估、博士后人员进出站手续办理,并向人事部登记注册等事宜。

国务院有关部委及直属事业单位的人事部门可按有关规定制定配套政策、措施,负责本部委及直属机构博士后工作的指导、协调和监督。

第七条　设有流动站、工作站的单位(以下简称设站单位),制定博士后具体管理办法,配备专门的管理人员,负责本单位博士后管理工作。

第三章　流动站和工作站的设立

第八条　根据国家经济社会发展需要和博士后工作发展规划,开展增设流动站、工作站工作,一般每两年开展一次。

第九条　高等院校和科研院所申请设立流动站,应当具备以下基本条件:

1. 具有相应学科的博士学位授予权,并已培养出一届以上的博士毕业生;

2. 具有一定数量的博士生指导教师;

3. 具有较强的科研实力和较高的学术水平,承担国家重大研究项目,科研工作处于国内前列,博士后研究项目具有理论或技术创新性;

4. 具有必需的科研条件和科研经费,并能为博士后人员提供必要的生活条件。

具有博士学位一级学科授予权、建有国家重点实验室的学科和国家重点学科可优先设立流动站。

第十条　企业、从事科学研究和技术开发的事业单位、省级以上高新技术开发区、经济技术开发区和留学人员创业园区申请设立工作站,应当具备以下基本条件:

1. 具备独立法人资格,经营或运行状况良好;

2. 具有一定规模,并具有专门的研究与开发机构;

3. 拥有高水平的研究队伍,具有创新理论和创新技术的博士后科研项目;

4. 能为博士后人员提供较好的科研条件和必要的生活条件。

建有省级以上研发和技术中心,承担国家重大项目的单位可优先设立工作站。

第十一条　流动站的设立，由拟设站单位提出申请，各省、自治区、直辖市人事部门或国务院有关部委及直属机构人事部门审核汇总后报人事部。经专家评审委员会评审，由人事部和全国博士后管理委员会审核批准。

第十二条　工作站的设立，由拟设站单位提出申请，各省、自治区、直辖市人事部门或国务院有关部委及直属机构人事部门组织初评后报人事部。经专家评议，由人事部审核批准。

第四章　博士后人员的招收

第十三条　具有博士学位，品学兼优，身体健康，年龄一般在四十岁以下的人员，可申请进站从事博士后研究工作。

第十四条　申请从事博士后研究工作的人员，应当向设站单位提出书面申请，提交证明材料。委托培养、定向培养、在职工作以及具有现役军人身份的人员申请从事博士后研究工作，应当向设站单位提交其委托单位、定向培养单位、工作单位或者所在部队同意其脱产从事博士后研究工作的证明材料。

在职人员不得兼职从事博士后研究工作。

第十五条　设站单位应面向社会公开招收博士后人员，要对申请者的科研能力、学术水平和已取得的科研成果进行严格审核，采用考核、考试、答辩等形式择优招收。

设站单位应与博士后人员签订协议，明确双方的权利、义务以及工作目标、课题要求、在站工作期限、产权成果归属、违约处罚等。

第十六条　设站单位按有关规定在人事部博士后管理部门或有关省、自治区、直辖市人事部门办理博士后人员进站和户口迁落等有关手续。

申请到军队设站单位从事博士后研究工作的人员凭军队博士后管理机构的审批通知，按上述程序办理。

第十七条　除经人事部博士后管理部门批准的特殊情况外，申请人不得进入授予其博士学位的单位同一个一级学科流动站从事博士后研究工作。

第十八条　对承担国家重大科研项目的非设站单位或已设站单位的非设站学科，经人事部博士后管理部门批准可以依托国家重大科研项目，招收项目博士后人员。

第十九条　工作站应与流动站联合招收、培养博士后人员，合作双方应当按照优势互补、互惠互利、保证质量、共同受益的原则签订协议书，明确双方及相关博士后人员的权利和义务。流动站应向工作站提供科研支持和专家指导，帮助工作站做好确定博士后研究项目、招收博士后人员等联合招收工作。以工作站为主做好联合招收博士后研究人员工作，并视导师指导和设备试验等情况向流动站支付一定费用，费用数额由双方协商确定。联合招收的博士后人员在工作站所在省、自治区和直辖市办理博士后研究人员进出站手续。

学术、技术实力强，具备独立培养博士后人员能力的工作站，经人事部博士后管理部门批准可以单独招收博士后人员。

第五章　博士后人员的管理

第二十条　各设站单位应建立在站博士后人员的考核指标体系，以及博士后人员进站招收、中期考核和出站考核制度。制定对博士后人员目标管理、绩效评价、奖励惩处等具体管理办法，对博士后人员进行定期考核。对研究成果突出、表现优秀的博士后人员，应当给予适当的表彰和奖励；对中期考核不合格的博士后人员予以劝退和解约。

第二十一条　各设站单位应将博士后人员纳入本单位人事管理范围，其人事、组织关系、福利待遇等比照本单位同等人员对待，或按协议执行。博士后人员实行岗位绩效工资制度。

第二十二条　博士后人员应与设站单位职工享受同等的医疗保障待遇，所需资金的筹集应当执行设站单位职工医疗保障资金的筹集办法。

第二十三条　博士后人员进站报到后，可在设站单位所在地落常住户口，凭人事部博士后管理部门或有关省、自治区、直辖市人事部门介绍信和其他有效证明材料，到公安户政管理部门办理户口迁出和落户手续，其配偶及未成年子女可以随其流动，按有关规定到当地公安派出所办理暂住手续。

第二十四条　博士后人员在站期间，可以凭人事部博士后管理部门或有关省、自治区、直辖市人事部门的介绍信，在其子女暂住户口所在地办理入幼儿园、上小学和初中，报考（转入）高中以及报考高等院校或中等专业学校等事宜，享受当地常住户口居民的同等待遇。

第二十五条　博士后人员在站工作时间为两年，一般不超过三年。承担国家重大项目，获得国家自然科学基金、国家社会科学基金等国家基金资助项目或中国博士后科学基金特别资助项目的博士后人员，如需延长在站时间，经设站单位批准后，可根据项目和课题研究的需要适当延长。

博士后人员工作期满后应按时出站，确有需要可转到另一个流动站或工作站从事博士后研究工作。博士后人员从事博士后研究工作最长不超过六年。

第二十六条　博士后人员在站期间，根据研究项目需要，经设站单位批准，可以到国外开展合作研究、参加国际学术会议或进行短期学术交流，时间一般不超过三个月。经设站单位批准，可根据项目情况适当延长。

第二十七条　博士后人员的研究成果归属，依照国家有关知识产权的法律、法规办理。

第二十八条　博士后人员期满出站前，设站单位可以根据其在站期间的科研能力、学术水平、工作成果，对其提出专业技术职称评定意见或建议。

第二十九条　博士后人员工作期满，须向设站单位提交博士后研究报告（以下简称报告）和博士后工作总结等书面材料，报告要严格按照格式编写。设站单位应将报告报送国家图书馆。博士后人员出站时，设站单位要及时组织有关专家对其科研工作、个人表现等进行评定，形成书面材料归入其个人档案。

第三十条　对出站考核合格的博士后人员，由人事部和全国博士后管理委员会颁发博士后证书。

第三十一条　博士后人员期满出站，到人事部博士后管理部门或有关省、自治区、直辖市办理出站手续。凭人事部博士后管理部门或有关省、自治区、直辖市人事部门的介绍信和其他有效证明材料，到当地公安户政管理部门办理本人及配偶和未成年子女的户口迁出和落户手续。

第三十二条　博士后人员工作期满出站，除有协议的以外，其就业实行双向选择、自主择业。各级政府人事部门和设站单位要为出站博士后人员的合理使用创造条件，做好出站博士后人员的就业引荐等服务工作。

第三十三条　博士后人员在站期间，有下列情形之一者，应予退站：

1. 考核不合格的；

2. 在学术上弄虚作假，影响恶劣的；

3. 受警告以上行政处分的；

4. 无故旷工连续15天或一年内累计旷工30天以上的；

5. 因患病等原因难以完成研究工作的；

6. 出国逾期不归超过30天的；

7. 其他情况应予退站的。

第三十四条　退站的博士后人员，不享受国家对期满出站博士后人员规定的相关政策，其户口迁落和有关人事关系手续由人事部博士后管理部门或有关省、自治区、直辖市人事部门办理。

第三十五条　加强对博士后工作管理人员进行业务培训，以做好博士后管理工作。

第六章　博士后日常经费和公寓管理

第三十六条　博士后日常经费是用于博士后人员日常生活和日常公用的专项经费，主要来源于中央财政拨款、地方财政拨款和设站单位筹资。

第三十七条　人事部和财政部确定国家资助博士后日常经费标准，制定国家日常经费资助年度计划。各省、自治区、直辖市和设站单位资助招收博士后人员，其日常经费标准参照国家规定的博士后日常经费标准。

第三十八条　留学博士回国从事博士后研究工作，国家按照博士后日常经费标准给予专门资助。

第三十九条　博士后日常经费由设站单位统一管理，单独立账，专款专用。对国家下拨的博士后日常经费，设站单位博士后工作主管部门可以提取不高于博士后日常经费总额的3%，作为博士后管理工作经费。

第四十条　人事部和各省、自治区、直辖市人事部门负责对其下拨的博士后日常经费的管理、使用情况进行检查和监督，对违反规定使用不当的，按照有关财务规定处理。

第四十一条　国家、地方和设站单位共同出资，在设站单位和在站博士后人员数量较多的城市集中建造博士后公寓。有条件的设站单位也可自筹经费建造博士后公寓。

第四十二条　有关省、自治区、直辖市和设站单位应根据当地的实际情况制定博士后公寓管理办法。博士后公寓是在站博士后人员居住的专门住房，不得挪作他用。博士后出站时，应及时从博士后公寓中迁出。

第七章　评估和表彰

第四十三条　人事部和全国博士后管理委员会统一组织全国博士后工作评估。评估工作一般每三年进行一次。

第四十四条　人事部和全国博士后管理委员会负责制定评估办法和评估指标体系，各省、自治区、直辖市和国务院有关部委、直属机构人事部门按照人事部和全国博士后管理委员会的要求，负责组织实施本地区、本部门博士后工作评估，并将评估情况报人事部。

第四十五条　人事部、全国博士后管理委员会根据评估结果，划分评估等级并予以公布。对管理工作优秀的流动站和工作站进行表彰；对管理不善、评估不合格、不具备设站条件的流动站和工作站视情况予以警告、限期整改直至撤销，并向社会公布。

第四十六条　人事部博士后管理部门或有关省、自治区、直辖市人事部门对受到警告并限期整改的设站单位在制度建设、组织机构、博士后人员在站管理等方面进行专门的指导和帮助，并在整改期满时组织考核，将考核结果报人事部。人事部和全国博士后管理委员会根据考核结果作出撤销警告或撤销设站资格的决定，并向社会公布。

撤销的流动站和工作站三年后方可重新申请设立流动站和工作站。申报程序见本规定第九条、第十条。

第四十七条　对在科学技术、教育事业和经济建设中作出突出贡献的优秀博士后人员，人事部和全国博士后管委会通过组织开展全国优秀博士后评选活动进行表彰。

第四十八条　各省、自治区、直辖市人事部门应加强日常管理，做好评估和表彰工作，对优秀的流动站和工作站给予奖励，对存在问题的设站单位及时给予指导和帮助。各设站单位应结合本单位实际情况，建立必要的日常管理和检查制度。

第八章　科研资助

第四十九条　国家设立中国博士后科学基金，为博士后人员开展科研工作提供资助。基金主要来源于中央财政拨款，同时接受国内外各种机构、团体、单位或个人的捐赠。

第五十条　博士后科学基金设普通资助和特别资助两种方式。普通资助是对博士后人员从事自主创新研究的科研启动或补充经费；特别资助是为鼓励博士后人员增强创新能力，对在站期间取得重大科研成果和研究能力突出的博士后人员的资助。

第五十一条　中国博士后科学基金资助按照《中国博士后科学基金资助条例》和配套办法执行。

第五十二条　各地方政府和中央有关部门的人事（干部）部门，以及博士后设站单位应对获得中国博士后科学基金资助的博士后人员给予配套资助。

第九章　职业道德建设

第五十三条　加强对博士后人员的爱国主义教育，引导他们树立良好的职业道德，淡泊名利，潜心钻研，自由探索，锐意创新。

第五十四条　加强对博士后人员知识产权保护法律意识的培养，严格遵守知识产权保护的法律法规，尊重他人的研究成果和权益。创造尊重和保护知识产权的法治环境，依法申报知识产权，促进科技成果转化。

第五十五条　各设站单位应为博士后人员营造尊重个性、学术民主、鼓励探索、支持创新、容许失败的宽松和谐环境，形成有利于优秀青年人才脱颖而出的机制。

第五十六条　博士后人员应坚持实事求是的科学精神和严谨求实的治学态度，加强学术道德自律，反对学术上弄虚作假的浮躁浮夸作风，坚决抵制学术腐败和欺骗行为。

第十章　附则

第五十七条　各省、自治区、直辖市人事部门，国务院有关部委、直属机构人事部门以及设站单位应结合本地区、本部门实际情况，并按照本规定制定具体实施办法。

第五十八条　本规定由人事部负责解释。

第五十九条　本规定自 2007 年 1 月 1 日起施行。2002 年 2 月 1 日施行的《博士后管理工作规定》同时废止。此前有关规定凡与本规定不一致的，按本规定执行。

第三节　江苏省博士后工作规划

为贯彻落实《江苏省中长期人才发展规划纲要（2010—2020 年）》、《江苏省“十二五”人力资源和社会保障发展规划》和《江苏省“十二五”人才发展规划》精神，进一步完善博士后制度，促进技术创新，大力培养创新型人才，根据人力资源和社会保障部《博士后事业发展“十二五”规划》的总体要求，结合江苏博士后工作发展现状及经济社会发展需要，制定本规划。

一、“十一五”期间成绩和面临的形势

“十一五”期间，江苏博士后工作在各级党委、政府的关心和支持下，经过各地人力资源和社会保障部门、设站（基地）单位和广大博士后研究人员的共同努力，较好地完成了“十一五”规划确立的各项目标任务，博士后事业有了新的发展，取得了显著的成绩。全省新设博士后科研流动站（以下简称流动站）82 个、博士后科研工作站（以下简称工作站）144 个，创建了省级博士后工作载体——江苏省博士后创新实践基地（以下简称创新基地），累计招收博士后研究人员（以下简称博士后人员）3 100 名。流动站、工作站及招收博士后人员数量比“十五”末分别增长了 64.1%、148.5% 和 71.4%。目前，全省已设有流动站 268 个、工作站 305 个、创新基地 322 个，其中，流动站和工作站设站数均位列全国第二。博士后站点研究领域覆盖了哲学、工学、理学、农学、医学、经济学、法学、教育学、文学、历史学、管理学、军事学和艺术学等全部 13 大学科门类，涵盖了 79 个一级学科，对一级学科的覆盖率达 71.8%，较“十五”末提高了 10 个百分点。基本形成了学科专业比较齐全、分布面比较广泛的博士后工作体系，初步建立了一套比较完备、行之有效的博士后管理制度。截至 2010 年底，全省累计招收博士后人员 6 500 多名，在站博士后人员 2 600 多名，集聚培养了一大批高水平的年轻专门人才和学术技术带头人，取得了一大批具有较高水平的科研成果，促进了学术交流和相关学科、交叉学科、前沿学科的发展，促进了产学研结合，提高了企业技术创新能力。

“十二五”时期是我省转变经济发展方式、发展创新型经济的重要时期，是率先全面建成小康社会，率先基本实现现代化的关键阶段。为推动江苏科学发展和率先发展，省委、省政府确立了科教与人才强省、创新驱动战略，更加强化了人才和科技对加快转变发展方式、推动经济转型

升级的支撑和引领作用。博士后制度是集聚、培养和使用高层次人才的重要平台，在促进学科交叉发展、科学技术创新、产学研相结合等方面具有独特的优势和活力。在新的时期，江苏博士后工作必须紧紧抓住难得的机遇，站在新的发展起点上，围绕博士后人才引进、培养和使用等环节，以促进学科发展和产业升级为导向，以服务科技进步和技术创新为重点，通过体制创新和制度创新，不断提升博士后培养水平，努力把江苏博士后事业推向一个新的发展阶段。

二、指导思想和基本原则

（一）指导思想

以邓小平理论和“三个代表”重要思想为指导，深入贯彻落实科学发展观，全面实施科教与人才强省战略、创新驱动战略，围绕“两个率先”和建设创新型省份的目标要求，按照“改革完善制度，着力提高质量，优化布局结构，鼓励多元投入，造就创新人才，服务江苏发展”的基本思路，大力发展博士后事业，加快培养造就一支跨学科、复合型、战略型和创新型的博士后人才队伍，为开创江苏发展新局面提供强有力的人才支撑和智力支持。

（二）基本原则

1. 坚持服务发展大局。围绕实施创新驱动战略亟须解决的重大科技问题，适应产业发展要求，优化合理布局，科学统筹规划，拓展设站领域，完善学科及专业设置，不断加强流动站、工作站和创新基地建设，实现博士后人才集聚与创新型经济发展的互促互动，努力使江苏博士后工作始终走在全国前列。

2. 坚持发挥主体作用。明确各级政府博士后工作管理部门责任，推动管理机制改革创新，不断完善博士后工作管理制度，加强指导和服务。发挥设站（基地）单位主体作用，采取多种措施，扩大博士后招收规模，提高人才培养质量。争取各级政府和有关部门加大投入，努力形成国家、各级地方政府、设站（基地）单位和社会投入的多元化投入机制。

3. 坚持培养使用并重。坚持以用为本，把培养和使用有机结合贯穿于博士后工作的始终。遵循人才成长规律，充分尊重博士后的创造性劳动，鼓励探索，宽容失败，不断营造良好的创新型人才成长环境。构建科学的博士后工作激励机制和质量评估体系，形成有利于优秀人才脱颖而出的良好机制。以培养具有开拓精神和创新性思维能力的博士后人员为目的，着力提高培养质量，促进博士后科研成果产出数量、质量和转化率明显提高。

4. 坚持政产学研结合。发挥企业博士后工作的技术创新优势和辐射作用，推动政产学研结合，重点扶持和推动战略型、创新型产学研相结合的科研项目，进一步完善企业与高校、科研院所的合作机制，把人才培养、科技开发和科技成果转化有机地结合起来，加快科技成果产业化进程，不断提高企业自主创新能力，促进人才、科技与经济社会发展的结合与互动。

三、主要目标

（一）设站规模稳步扩大，布局结构优化合理

稳步扩大高校、科研院所流动站的设立规模，积极推进企业工作站、创新基地的发展，进一步提高博士后站点对学科、产业的覆盖面；围绕科技创新和产业结构调整，优化合理布局，使全省博士后站点的学科和产业结构、地域布局更加合理。到2015年，全省新增流动站60个、工作

站75个、创新基地150个。

（二）招收规模着力扩大，培养质量不断提高

鼓励设站（基地）单位在国家、省和地方博士后工作政策的指导和扶持下，努力增加博士后人员招收数量。到2015年，全省年招收博士后规模达到1 700人，比2010年提高78%，占全国博士后年招收总数的10%。“十二五”期间，全省累计招收博士后人员达到6 700人以上。在扩大招收规模的基础上，进一步完善科学的培养质量评价体系和激励机制，着力培养博士后人员的自主创新能力，提高博士后人员的科研工作质量和学术水平，加快形成跨学科、复合型、创新型的博士后群体，更好地为全省科技发展和产业升级贡献力量。

（三）管理机制更加完善，服务体系更加健全

不断改革博士后管理制度，创新体制机制，完善政策措施。逐步形成以人力资源和社会保障部门牵头、各有关部门协调合作、各设站单位发挥人才培养、使用主体作用的工作格局；逐步建立以基础前沿创新为导向、工作站（基地）以产业技术创新为导向的流动站发展模式；逐步在政府部门、流动站、工作站、创新基地间建立双边或多边的、多种形式的长效合作机制，形成政产学研相结合的新型有效模式；逐步完善博士后人员各种社会保障，建立以人为本、面向基层、便捷高效的服务体系。进一步形成和发挥博士后制度的比较优势，促进全省博士后事业健康持续发展。

四、政策措施

（一）完善管理体制和管理制度

1. 健全管理制度。修订《江苏省博士后管理工作实施办法》，对流动站、工作站和创新基地的设立及管理，对博士后的招收及管理等方面的工作进行系统改革、调整和完善，加强政府在博士后工作中的规划、管理、服务、协调等宏观调控职能，发挥市场在博士后培养与使用、资源配置诸环节的基础性作用。鼓励支持各地博士后工作管理部门及各设站（基地）单位根据国家和省相关政策规定，结合自身实际，修订和完善原有的管理办法和工作细则，建立科学有效的管理制度，推进博士后管理工作的科学化、制度化和规范化。

2. 完善分类分级管理体制。遵循流动站和工作站、创新基地在管理上的不同要求和特点，进一步明确和规范针对流动站的三级管理体制（国家、省和设站单位）以及针对工作站、创新基地的四级或五级管理体制[国家、省、市、或县、设站（基地）单位]，充分发挥高校、科研院所和企业的主体作用，充分发挥地方政府的积极性和创造性，逐步形成管理目标清晰、管理职责分明、分类规范管理、分级指导监督、保障服务有力的博士后工作管理体制和运行机制。政府管理部门将进一步加强宏观指导，强化质量监督，调控财政资源，并给予设站（基地）单位更多的管理自主权；在国家政策框架下，由设站（基地）单位根据社会需求，自主确定博士后招收计划、岗位设置、培养方式、生活安排和在站管理等具体事宜，并将其纳入本单位的常规管理轨道。

3. 建立管理部门联席会议制度。发挥管理部门的职能优势，建立江苏省博士后工作管理部门联席会议制度，促进政产学研相结合，引导各类创新要素向企业集聚，推动企业逐步成为研发投入的主体、技术创新活动的主体和创新成果应用的主体。通过联席会议制度，多方位整合政府、高校、科研院所、企业以及社会资源，鼓励高校、科研院所与企业加强产学研合作，鼓励企业根据自身的战

略发展目标与流动站签订博士后引进、培养和使用，以及科研项目转让转化等方面的长期合作协议，鼓励通过流动站与工作站、创新基地的联合，建立合作研究和科技成果产业化的长效机制。

4. 建立表彰奖励制度。建立博士后工作表彰奖励制度，对在站期间取得重要科技成果或创造显著经济或社会效益的博士后人员和取得显著人才效益的流动站、工作站、创新基地进行表彰奖励。对具有发展潜质的优秀博士后人员，加大培养力度，建立有效渠道，纳入省重点人才培养计划和工程。

5. 加强服务工作体系建设。改进和完善“江苏博士后网”，依托高效的网络平台，加强政府与设站（基地）单位的联系与沟通，及时掌握人才需求、博士后招收、科研项目、经费投入、后勤保障等信息，为博士后人员开展人才引荐、学术交流、成果转化、项目洽谈等创造有利条件。设立年度工作站和创新基地培养博士后指引和需求目录，指导和督促设站（基地）单位有针对性地招收培养博士后人员。建立博士后人员网上招收平台，定期在各级网站上公布招收博士后信息与博士后科研项目信息，为设站（基地）单位与有从事企业博士后愿望的人员提供有效沟通的平台。建设博士后管理工作网上办公系统，建立流动站、工作站、创新基地库、博士后人才库、博士后合作导师库、科研成果库等相关数据库，实现博士后进出站管理、基金申请、质量评估和科研成果转让等工作的网络化、远程化管理，并提供可面向社会服务的网络平台。

6. 加强博士后服务窗口建设。根据博士后工作分类、分级管理的需要，建设“一站式”博士后服务窗口。定期组织博士后工作管理人员，特别是窗口服务人员进行业务学习、岗位培训、考察交流，不断提高业务水平，为广大博士后人员提供便捷服务，提升博士后工作管理部门的服务水平。

（二）加强流动站、工作站和创新基地建设

1. 增设新站和基地。新设流动站向基础学科、新兴学科和国家、省重点学科倾斜，新设工作站、创新基地向战略性新兴产业和关系经济转型升级的产业倾斜。支持民营企业开展博士后工作，鼓励和扶持有条件的民营中小企业在区域性设站（基地）单位申请设立分站，民营企业申请设站（基地）与国有单位一视同仁，平等对待。对符合申请设站（基地）基本条件的单位，给予建站（基地）工作的指导和扶持，同时严格掌握设站（基地）标准和条件，按照程序认真筛选。

2. 扩大博士后招收规模。采取有效措施，扩大博士后招收数量，保证在站人数，壮大博士后人才队伍。对有招收困难的企业博士后站（基地），博士后工作管理部门将组织设站（基地）单位与省内外人才集中的高校、科研单位联合举办招聘活动，帮助设站（基地）单位疏通招收博士后渠道，逐步消除“空壳”站点。

3. 完善博士后站（基地）评估制度。强化对博士后站（基地）的评估、考核工作，健全完善科学高效、多样化的评估与考核制度，建立健全博士后站（基地）发展的竞争机制和退出机制，切实解决少数地方和单位“重建站、轻管理”的问题。对博士后站（基地）制度建设完善、管理措施健全、博士后在站人数较多，研究环境良好、科研成果突出、经济社会效益显著的设站（基地）单位给予表彰和重点扶持。对完成一定规模博士后培养工作，已经形成较雄厚科研实力的创新基地，鼓励申请设立工作站。对管理体制和工作制度不健全，以及设站（基地）后两年及以上未招收博士后的，视情况予以“黄牌”警告、限期整改，直至撤销设站（基地）资格。建立设站

（基地）单位内部评估机制，做到组织架构完备、规章制度健全，科研项目落实、运作经费保障、管理服务到位、培养质量保证。

（三）完善质量保证机制

1. 健全博士后考核体系。严格进站遴选、中期考核和出站考核制度，完善对博士后人员的目标管理、绩效评估、纪律约束、优胜劣汰等管理办法。建立健全以创新性科研业绩和创新性思维能力为导向，由专业论文、获奖成果、发明专利、解决科技难题、科技创新等多种要素构成的博士后考核体系。探索以人为本、主体明确、体现学科、行业特色的博士后培养质量评价方法，强化对科研质量、创新能力、科技成果转化情况及其对经济社会发展作用的评价，逐步形成以创新能力建设为核心的博士后质量保证体系。同时，各设站（基地）单位依据岗位需要和研究工作特点，按照企事业单位人事制度改革的要求，将博士后人员纳入本单位人事管理范围以加强培养、使用和管理。

2. 逐步确立博士后人员在科研团队中的中坚作用。加强与科技、教育、产业管理部门的密切合作，逐步理顺科研团队的构成结构，努力使博士后人员成为国家和省级创新平台科研队伍中的一个重要群体。加强博士后工作与国家、省重大科技项目的结合，扩大国家、省重点实验室等科技平台招收博士后人员的规模。

3. 完善各类资助资金评审制度。充分发挥博士后资助专项经费的导向作用，重点资助原创性、创新性课题和项目，建立健全各类资助资金管理办法，完善同行专家评审制度，严肃惩处各种科研学术不端行为，加强科研学术道德建设。

4. 发挥合作导师作用。发挥合作导师在博士后人员招收、培养、质量管理过程中的核心作用，合作导师可根据科研项目的需要招收博士后人员、延长博士后人员在站时间，在不低于国家规定标准基础上，根据博士后人员科研表现，对博士后人员实行弹性待遇。择优聘用学术、技术水平高、责任心强、具有创新精神的学科带头人为博士后合作导师。建立博士后培养质量与合作导师利益挂钩的激励机制，强化合作导师的责任意识，提高其指导水平和带教能力。

5. 加强博士后学术交流。建立江苏省博士后学术论坛年会制度，每年组织 1 ～ 2 个综合性或专题性的学术论坛，开展多种形式的学术交流活动，聘请有关行业和学科一流专家与博士后人员交流，提高学术交流质量和水平。鼓励博士后在站期间参加国际合作和学术会议。鼓励设站（基地）单位与国内外研究机构加强学术联系和研究合作。开展博士后研究优秀论文交流评选活动，提高博士后人员的学术技术水平和国际交流能力。

（四）推动博士后向企业集聚

1. 实施“企业博士集聚计划”。会同省有关部门实施“江苏省企业博士聚集计划”，将在站（基地）企业博士后人员列为资助对象之一，择优资助在重点产业领域从事重大项目研发的企业博士后人员。对列入本计划的企业博士后人员给予每人不低于 20 万元的资助。

2. 建立兼职博士后制度。在创新基地实施“兼职博士后制度”，鼓励流动站在站博士后到创新基地兼职从事技术创新和科研成果转化工作，探索博士后人才培养新途径。

3. 建立博士后科研成果转化基地。建立机制灵活的区域性集政、产、学、研、资为一体的“博士后科研成果转化基地”，在博士后人员及学术梯队不脱离原单位的基础上，加强统一规划和科学管理，组织博士后及有关人员开展科研成果转化以及重大项目科技攻关活动，提高博士后工作为经济社会发展服务的效用。

4. 引导高层次人才参与企业创新活动。鼓励掌握核心技术或承担高成长性项目的博士后出站后留在设站（基地）企业工作。建立博士后出站人员跟踪服务制度，鼓励出站博士后人员通过灵活多样的形式为企业提供技术服务。鼓励流动站的合作导师到企业开展项目合作研究。鼓励高校和科研院所具有博士学位的青年教师和科研人员到企业从事博士后研究，进站年龄可适当放宽，在站时间可适当延长，研究方式可灵活多样。对参与企业创新活动、做出突出贡献的高层次人才，企业可采取技术入股、股权期权分配等方式予以激励，促进高层次人才和智力向生产一线集聚。

（五）完善多元化投入机制

1. 落实人才优先投入政策。各级政府博士后工作管理部门应积极争取财政加大对博士后工作的投入，建立财政经费投入博士后工作增长机制，确保博士后培养经费与本地区设站（基地）工作发展相适应。

2. 优化资金使用效益。完善博士后经费财政拨款方式，引入绩效预算机制，加强对设站（基地）单位经费使用的效益评估，实行财政拨款与绩效挂钩。优化博士后经费投入结构，重视对基础学科和前沿技术博士后经费支持，支持苏北地区发展博士后事业，在日常经费资助、科研经费资助和"企业博士集聚计划"等择优资助方面给予适当倾斜，鼓励优秀博士到苏北地区从事博士后研究工作。

3. 鼓励多元化投入。各设站单位应结合学科建设、人才队伍建设和创新平台建设，加大对博士后工作的资金投入。探索建立省、市级科技项目专项中列支博士后经费机制，借助承担和参与重大科研项目对博士后经费支持。鼓励企业（集团）以冠名等方式设立博士后基金，资助和奖励优秀博士后人员。逐步建立以各级政府财政拨款和设站单位自主投入为主，社会各界出资、捐资和设立各类博士后基金资助为辅的多渠道、多层次、多元化的博士后工作投入机制。

五、组织实施

"十二五"时期是我省博士后事业发展的重要战略机遇期。各地人力资源和社会保障部门要充分认识博士后工作在实施科教与人才强省战略、创新驱动战略、建设创新型省份中的重要作用，把博士后工作纳入人才工作和技术创新工作的总体规划，按照人才优先特别是高端引领的原则，根据本规划精神，科学制定与本地区经济社会发展相适应的博士后工作发展规划。要加强与财政、科技、教育、经济等相关职能部门的组织协调，争取各方面力量的支持，在政策导向、措施激励、检查落实等方面推动和指导本地区博士后工作发展。

各设站（基地）单位要根据本规划的要求，结合各自的实际，提出博士后工作发展的具体任务、目标和措施，创新博士后管理方法，不断提高博士后工作运行质量和水平，确保各项任务的落实。

各级博士后工作管理部门要积极发挥职能作用，做好牵头组织、综合管理、协调服务、信息沟通、监督检查和舆论宣传等工作，建立博士后工作日常的监测、评估、考核机制，狠抓工作落实，全力完成"十二五"博士后事业发展的各项目标任务。

第四节　江苏省博士后管理工作实施办法

第一章　总则

第一条　为进一步发挥博士后制度在培养和吸引创新型高层次人才方面的重要作用，加强和规范博士后管理工作，促进江苏博士后事业持续健康发展，根据原国家人事部、全国博士后管委会《博士后管理工作规定》（国人部发〔2006〕149号，以下简称《管理规定》），结合本省实际，制定本办法。

第二条　本办法适用于在苏博士后科研流动站（以下简称流动站）、博士后科研工作站（以下简称工作站）、江苏省博士后创新实践基地（以下简称创新基地）的设立和管理，以及博士后研究人员和产业博士后研究人员的招收（聘用）和管理。

第三条　博士后管理工作按照政府主导与社会参与相结合和公开、平等、竞争、择优的原则，改革完善制度，着力提高质量，促进产学研结合，造就创新人才。

流动站、工作站和创新基地按照国家、省有关博士后工作的政策和规定运行，实行动态管理。

第四条　本办法所称流动站是指在高等院校或科研院所具有博士学位授予权的一级学科内，经国家人力资源和社会保障部（以下简称人社部）批准可以招收博士后研究人员的组织。

本办法所称工作站是指在具备独立法人资格的企事业单位或高新技术开发区等机构内，经人社部批准可以招收博士后研究人员的组织。

设有流动站和工作站的单位以下简称设站单位。

本办法所称创新基地是指在具备独立法人资格的企事业单位或高新技术开发区等机构内，经江苏省人力资源和社会保障厅（以下简称省人社厅）批准可以委托流动站代招收博士后研究人员和聘用流动站博士后研究人员兼职开展技术创新工作的组织。设有创新基地的单位以下简称设基地单位。在区域性创新基地辖区内，具备独立法人资格的企事业单位，经省人社厅批准开展博士后工作的机构称为江苏省博士后创新基地分站（以下简称基地分站），设有基地分站的单位以下简称设基地分站单位。

在流动站、工作站、创新基地从事博士后研究工作的人员称为博士后研究人员（以下简称博士后人员）；流动站在站博士后研究人员兼职在创新基地从事技术创新工作的人员称兼职产业博士后研究人员（以下简称产业博士后人员）。

第二章　管理机构

第五条　省人社厅是本省博士后管理工作的综合管理部门，具体承担以下职责：

（一）制定本省博士后工作发展规划、政策措施和管理办法；

（二）督促和指导各地区和设站（基地）单位贯彻落实国家和省有关博士后工作的方针政策，做好博士后工作；

（三）承办流动站、工作站设站申报、博士后工作评估、博士后人员进出站手续、国家博士后资助经费申报和博士后公寓管理等事宜；

（四）负责创新基地和基地分站的审批或撤销等事宜；

（五）负责省级博士后资助经费申报、评审和审批等事宜；

（六）组织开展博士后工作检查、考核、评估、表彰等活动；

（七）指导江苏省博士后协会开展工作；

（八）协调处理本省博士后管理工作的其他事务，完成上级主管部门交办的任务。

第六条　省辖市人力资源和社会保障局（以下简称市人社局）受省人社厅委托，负责管理本地区博士后工作站和创新基地。承担如下职责：研究制定符合本地区特点的博士后工作发展规划和配套政策、措施；负责对有关地区和单位的博士后工作进行指导、协调、监督、检查和考核；负责筹措博士后工作经费、匹配国家和省博士后资助经费、培训管理人员等事宜；负责审核工作站、创新基地（基地分站）设立资格；按照上级主管部门要求开展其他博士后管理工作。

第七条　各市（县）、区人力资源和社会保障局负责协助上级主管部门管理本地区博士后工作站和创新基地，研究制定符合本地区实际的博士后工作配套政策，按上级主管部门要求组织实施本地区工作站、创新基地（基地分站）的申报、考核、评估等相关工作，指导和协助工作站、创新基地做好博士后日常管理和服务等工作。

第八条　设站、设基地（基地分站）单位应当专门成立博士后工作管理机构，制定本单位博士后管理工作实施细则，配备专门的管理人员，负责本单位博士后人员和产业博士后人员的日常管理和服务等工作。

第三章　流动站、工作站和创新基地（基地分站）的设立

第九条　设立流动站、工作站应符合《管理规定》规定的条件。省人社厅根据人社部的统一部署，受理在苏单位设立流动站、工作站的申请，在组织考察和评议后，提出初审意见，报人社部审批。

流动站、工作站增设工作一般每两年组织一次。

工作站一般从开展博士后工作成绩优异的创新基地中推荐申报。

第十条　企业、研发型事业单位和市以上高新技术开发区等区域性单位未设立工作站的，可申请设立创新基地，并应当具备以下基本条件：

（一）具备独立法人资格，有较强的经济实力和较好的经济效益，最近两年连续盈利。其中，研发型单位的上一年度末净资产值应当不低于800万元，产业型单位的上一年度末净资产值应当不低于2 000万元。

（二）具有专门的研究与开发机构。研发机构应具备必要的检测、分析、测试手段和实验设备，且设备原值不低于500万元，已取得2项以上具有自主知识产权的科技成果。

（三）拥有较高水平的研究开发团队，能提出理论创新、技术领先的博士后科研项目。专职研发人员数量应在10人以上。

（四）能为博士后人员提供较好的科研条件和必要的生活条件。

建有省级以上工程（技术）研究中心、重点实验室、企业技术中心等研发载体，承担国家或省重大项目的单位可优先设立创新基地。

区域性单位申报创新基地，必须能组织辖区内3家以上高新技术企事业单位同时申请设立

基地分站,申请设立基地分站单位的条件可以略低于本条第一款前三项的要求。

创新基地增设工作一般每年审批一次;申请增设基地分站的材料常年受理,一般每半年审批一次。

第十一条　审批创新基地和基地分站的程序是:由拟设基地(基地分站)单位提出申请,市人社局组织考察和初评审核后上报省人社厅,省人社厅组织专家评议后审定批准。

第四章　博士后人员的招收和产业博士后人员的聘用

第十二条　流动站可以招收博士后人员;学术、技术实力强,具备独立培养博士后人员能力的工作站,经人社部博士后管理部门批准可以单独招收博士后人员;其他工作站应与相关学科的流动站联合招收博士后人员;创新基地应委托流动站代招收博士后人员;对承担国家重大科研项目的非设站单位或已设站单位的非设站学科,经人社部博士后管理部门批准可以依托国家重大科研项目,招收项目博士后人员。

第十三条　创新基地可以根据研究项目的实际需要,聘用产业博士后人员从事技术创新工作。

第十四条　各市和流动站设站单位应在每年2月底前根据流动站、工作站、创新基地拟定的博士后研究项目,按要求向省人社厅报送下一年度招收博士后人员和聘用产业博士后人员的计划。

第十五条　已取得博士学位,品学兼优,年龄在40周岁以下的人员,可以申请从事博士后研究工作。

委托培养、定向培养、在职工作以及具有现役军人身份的人员申请从事博士后研究工作,应当提交其委托单位、定向培养单位、工作单位或其所在部队同意其脱产从事博士后研究工作的证明材料。在职人员不得兼职从事博士后研究工作。

除特殊情况并经省人社厅并报人社部博士后管理部门批准外,申请者不得进入授予其博士学位的单位同一个一级学科流动站从事博士后研究工作。

申请做产业博士后的人员需征得所在设站单位的同意,在职人员还需征得工作单位或其所在部队的同意。

第十六条　申请到流动站、工作站和创新基地从事博士后研究工作和技术创新工作的人员,应当向设站(基地)单位提出书面申请,并按要求提交有关材料。

第十七条　设站(基地)单位招收博士后人员、聘用产业博士后人员应当进行公开招聘,并组织专家对申请者的科研能力、学术水平和取得的科研成果进行严格的评估、考核,同时对其个人品质、职业道德进行考察,对符合条件的,提出接收进站或聘用意见。

第十八条　流动站、工作站和创新基地招收博士后人员,经设站单位审核后需报省人社厅复审。由省人社厅复审同意后将结果书面通知设站单位,并报人社部博士后管理部门备案。

申请到军队设站单位从事博士后研究工作的人员按军队博士后管理机构的有关要求办理进站手续。设站单位按季度将进站人员的有关材料报省人社厅博士后管理部门备案。

创新基地招聘产业博士后人员、委托非本省或军队流动站招收博士后人员后,须及时将有关人员聘用或进站材料报市人社局备案,由市人社局汇总后每半年报省人社厅博士后管理部门备案。

第十九条　设站单位、创新基地应当与博士后人员、产业博士后人员签订有关协议，明确双方的责任、权利、义务以及工作目标、课题要求、在站（基地）工作（聘用）期限、研究成果归属、工资福利待遇、违约责任等。

工作站、创新基地与流动站联合招收博士后人员，合作双方应当按照优势互补、互惠互利、保证质量、共同受益的原则签订协议，明确双方及相关博士后人员的权利和义务。流动站应向工作站、创新基地提供科研支持和专家指导，帮助工作站、创新基地确定好博士后研究项目及招收人员等工作。工作站、创新基地应视导师指导和设备试验等情况向流动站支付一定费用，费用数额由双方协商确定。

工作站、创新基地应根据自身的战略发展目标，就博士后研究人员引进、培养和使用，以及科研项目的转化等问题与流动站签订长期合作协议；流动站应加强对联合招收工作的服务，降低工作站联合培养博士后的成本，通过流动站和工作站的联合，建立合作研究和科技成果产业化的长效机制。

第二十条　申请招收外籍博士后人员，设站单位除按照本办法有关规定的程序对申请者进行资格审核外，还应当按国家和本省涉外工作的规定，报外事部门审批。

第五章　博士后人员和产业博士后的管理

第二十一条　博士后人员在站期间的科研和管理服务工作由设站单位具体负责。创新基地招收的博士后人员由联合培养的流动站设站单位负责管理博士后人员的人事、组织关系，博士后人员在站期间的科研和日常管理等工作由流动站委托设基地和基地分站单位具体负责。

流动站设站单位和各市人社局应当于每年二月底前向省人社厅提交上年度博士后工作总结和本年度博士后工作计划。

第二十二条　设站单位按有关规定在省人社厅办理博士后人员进站和落户等有关手续，创新基地招收的博士后人员由联合培养的流动站设站单位负责办理进站和落户等有关手续。

第二十三条　工作站、创新基地与流动站联合招收的博士后人员进站后，应由流动站选派相关专业的博士后合作导师作为学术指导人，由工作站或创新基地（基地分站）选派相关专家作为项目研究指导人，共同指导博士后人员的研究工作。流动站或工作站单独招收的博士后人员进站后，也要选派相关专家作为博士后人员的学术（项目研究）指导人。

第二十四条　工作站、创新基地（基地分站）应根据博士后人员的项目研究工作需要，成立科研项目小组，配备专业人员参与项目研究。

第二十五条　设站（基地）单位应建立博士后人员的考核评估体系，制定对博士后人员目标管理、绩效评估、奖励惩处等具体管理办法。

设站（基地）单位应当对在站博士后人员进行定期考核，考核内容包括博士后人员学术水平、科研能力、研究成果等。对研究成果突出、表现优秀的博士后人员给予表彰和奖励。对出站考核合格的博士后人员，准予出站；对考核不合格的博士后人员，予以劝退或解约。博士后人员期满准予出站前，设站单位可以根据其在站期间的科研能力、学术水平、工作成果，对其提出专业技术职称评定意见或建议，根据需要，可送交相应专业技术资格委员会评审。

工作站、创新基地与流动站联合培养的博士后人员以工作站、创新基地为主，由联合培养单位双方共同负责考核。

第二十六条　产业博士后人员在创新基地的科研和管理服务工作由聘用单位具体负责。备案手续由设基地单位按市人社局有关规定办理。

第二十七条　产业博士后人员由设基地单位按聘用协议的有关要求负责考核。

第二十八条　流动站设站单位、市人社局应分别对流动站和工作站、创新基地的博士后考核工作进行指导监督。省人社厅将不定期对流动站、工作站和创新基地的博士后考核工作等情况进行抽查。

第二十九条　各设站（基地或基地分站）单位应将博士后人员纳入本单位人事管理范围，博士后人员在站期间的工资、福利待遇等，按国家和本省博士后工作有关规定执行，或按协议执行。

第三十条　博士后人员应与设站（基地或基地分站）单位职工享受同等的医疗保障待遇，所需资金的筹集应当执行设站（基地或基地分站）单位职工医疗保障资金的筹集办法，或按协议执行。

第三十一条　博士后人员在站工作时间为两年，一般不超过三年。因项目和课题研究确需延长的，应当经设站单位批准，并报省人社厅核准备案。

博士后人员工作期满后应按时出站，确有需要可转到另一个流动站或工作站从事博士后研究工作。博士后人员从事博士后研究工作最长不超过六年。

第三十二条　博士后人员在站期间，根据研究项目需要，经设站（基地）单位批准，可以到国外开展合作研究、参加国际学术会议或进行短期学术交流，时间一般不超过三个月。经设站（基地）单位批准，可根据项目情况适当延长。

第三十三条　博士后人员在站（聘用）期间取得科研成果的归属和成果经转让或开发所获得的经济效益的分配，根据国家有关法律、法规以及与相关单位的协议处理。

第三十四条　博士后人员进站报到后，可在设站单位所在地落常住户口，凭省人社厅的介绍信和其他有效证明材料，到公安户政管理部门办理户口迁出和落户手续，其配偶及未成年子女可以随其流动，按有关规定到当地公安派出所办理暂住手续。

第三十五条　博士后人员在站期间，可以凭省人社厅的介绍信，在其子女暂住户口所在地办理入幼儿园、上小学和初中、报考（转入）高中以及报考高等院校或中等专业学校等事宜，享受当地常住户口居民的同等待遇。

第三十六条　博士后人员工作期满，须向设站单位提交博士后研究报告（以下简称报告）和博士后工作总结等书面材料，报告要严格按照规定格式编写。设站单位应将报告报送国家图书馆（涉密除外）。博士后人员出站时，设站单位要及时组织有关专家对其科研工作、个人表现等进行评定，形成书面材料归入其个人档案。

对出站考核合格的博士后人员，由人社部和全国博士后管理委员会颁发博士后证书。

创新基地委托非本省或军队流动站招收的博士后人员期满出站后，设基地单位应及时将其人员有关出站材料报市人社局备案,由市人社局汇总后每半年报省人社厅博士后管理部门备案。

产业博士后人员聘用期满,设基地单位要及时组织有关专家对其科研工作、个人表现等进行评定。评定意见须送市人社局和产业博士后人员在站单位备案。市人社局每半年将本地区聘用期满产业博士后人员的评定意见报省人社厅博士后管理部门备案。

第三十七条　博士后人员工作期满出站,除有协议的之外,其就业实行双向选择、自主择业。各级政府人力资源和社会保障部门、设站单位要为出站博士后人员的合理使用创造条件,做好出站博士后人员的就业引荐等服务工作。

设站(基地)单位应充分利用本单位优势,吸引优秀博士后人员留苏工作。

第三十八条　设站(基地)单位负责在站博士后人员的思想教育。引导博士后人员树立良好的职业道德,坚持科学严谨的治学态度,加强学术道德修养,坚决抵制学术腐败和欺骗行为。对弄虚作假的应予通报批评或清退,情节严重者给予相应的纪律处分。

第三十九条　根据《管理规定》,应予退站的人员,由设站单位作出退站处理申请,按规定程序,报省人社厅核准备案。退站博士后人员不享受国家对博士后人员规定的相关政策。

第四十条　博士后人员工作期满出站,留本省工作的,凭省人社厅介绍信等有效证明材料,到公安部门办理配偶和未成年子女户口落户手续;到外省(市、区)工作的,由省人社厅协助办理相关手续。外省(市、区)、军队流动站和工作站博士后出站到本省工作的,凭人社部或有关省(市、区)、军队博士后工作部门介绍信,由省人社厅协助办理相关手续。

第四十一条　申请从事博士后研究、研究工作期满出站及退站的人员,应当通过全国博士后交互式网上办公系统向设站单位提交个人申请,并按要求递交书面材料,由设站单位统一到省人社厅办理相关手续。

第六章　经费管理

第四十二条　博士后人员在站工作期间,设站单位或创新基地(基地分站)须按规定为博士后人员提供日常经费。博士后日常经费是用于博士后人员日常生活和日常公用的专项经费。博士后日常经费分中央财政专项经费、省财政专项经费、设站(基地)单位自筹经费等。日常经费标准按照国家规定执行。

第四十三条　中央财政博士后专项经费,按国家规定管理使用。设站(基地)单位自筹的博士后经费由设站(基地)单位管理使用。省财政博士后专项经费由省人社厅管理,用于招收省资助博士后人员,重点资助流动站博士后人员的招收,并向自筹经费招收博士后人员较多、博士后科研成果突出的流动站设站单位倾斜,具体申请资助办法按照《江苏省资助博士后研究人员招收管理办法》执行。

第四十四条　国家设立中国博士后科学基金,为博士后人员开展科研工作提供资助。基金资助形式分为面上资助和特别资助。面上资助是对博士后人员从事自主创新研究的科研启动或补充经费;特别资助是为鼓励博士后人员增强创新能力,对在站期间取得重大科研成果和研究能力突出的博士后人员的资助。博士后人员进站后可以申请中国博士后科学基金,具体申请办法按照《中国博士后科学基金资助规定》和《中国博士后科学基金面上资助实施办法》执行。

第四十五条　本省设立“江苏省博士后科研资助计划”，主要用于择优资助在站博士后研究人员完成科研工作任务。其经费源于省财政划拨的省博士后科研经费专款，由省人社厅管理。列入本计划的博士后项目除省财政拨专款资助外，各地人社局和设站单位应按一定比例匹配经费支持。具体申请资助办法按照《江苏省博士后科研资助计划管理办法》执行。

第四十六条　本省设立“江苏省企业博士集聚计划”，在站企业博士后人员为资助对象之一，择优资助围绕我省重点产业领域从事重大项目研发的企业博士后人员。对列入本计划的企业博士后人员给予每人不低于20万元的资助（免交个人所得税），其中省级财政给予每人15万元，地方财政给予不低于5万元的配套资助。具体申请资助办法按照江苏省委组织部的有关规定执行。

第四十七条　设站和设基地（基地分站）单位对国家、省和地方划拨的博士后资助经费须设立专项会计项目，专款专用。经费使用手续按财务管理规定办理。

第七章　评估

第四十八条　省人社厅按照人社部制定的评估办法和评估指标体系，结合本省实际，定期组织对流动站、工作站的评估，并将评估情况报人社部。根据评估结果，省人社厅对管理工作优秀的流动站、工作站进行表彰；对管理不善的予以警告，限期改正，并给予指导；对已不具备设站条件的流动站、工作站，报请人社部予以撤销。

第四十九条　省人社厅负责制定创新基地的评估办法，各市按照省人社厅的要求，负责组织实施本地区创新基地的博士后工作评估，并将评估情况报省人社厅。根据评估结果，省人社厅对管理规范、成绩突出的创新基地进行表彰，并优先向人社部推荐申报博士后科研工作站；对管理不善、评估不合格的视情况予以警告、限期整改直至撤销，并向社会公布。

第五十条　对在科学研究、技术创新和经济建设中作出突出贡献的优秀博士后人员，省人社厅通过组织开展全省优秀博士后评选活动进行表彰和奖励。

第五十一条　各地人社局应加强日常管理，并根据本地实际开展考核、表彰等工作，对优秀的工作站和创新基地给予奖励，对存在问题的工作站和创新基地及时给予指导和帮助。设站（基地）单位应根据博士后工作评估指标体系，结合本单位实际情况建立必要的日常管理和检查制度，定期对本单位的博士后工作进行检查，对在检查中存在的问题应及时整改，不断加强和完善自身建设。

第八章　附则

第五十二条　本办法由省人社厅负责解释。

第五十三条　本办法自公布之日起施行。1996年5月22日施行的《江苏省博士后管理工作暂行办法》和2008年11月17日施行的《江苏省博士后科研工作站管理工作实施办法》同时废止。此前有关规定与本办法不一致的，按本办法执行。

第二篇　博士后管理与服务

第一章　博士后进站管理与服务

第一节　流动站独立招收进站手续办理

一、博士后研究人员进站基本条件

1. 年龄在40岁以下（含40岁）；

2. 获得博士学位，身体健康；

3. 除特殊批准外，申请人不能进入授予其博士学位单位的同一个一级学科流动站从事博士后研究工作（工作站联合招收除外）；

4. 不得兼职从事博士后研究工作（定向、委培和在职人员以及现役军人申请从事博士后研究工作，需脱产从事博士后研究工作）。

二、博士后研究人员进站审批流程

1. 申请人登录全国博士后管理系统注册、填报相关信息，形成电子流信息上报，并打印基本进站表格报送流动站设站单位博士后管理部门；

2. 流动站设站单位博士后管理部门登录全国博士后管理系统审批后，将基本进站表格报送省人社厅审批；

3. 省人社厅审批后，出具博士后进站批复；

4. 省人社厅将批准进站人员材料上报，全国博管办博士后管理部门对电子流信息及纸质表格进行最终审核并备案。

三、博士后研究人员具体申请流程

（一）登录中国博士后网（www.chinapostdoctor.org.cn）

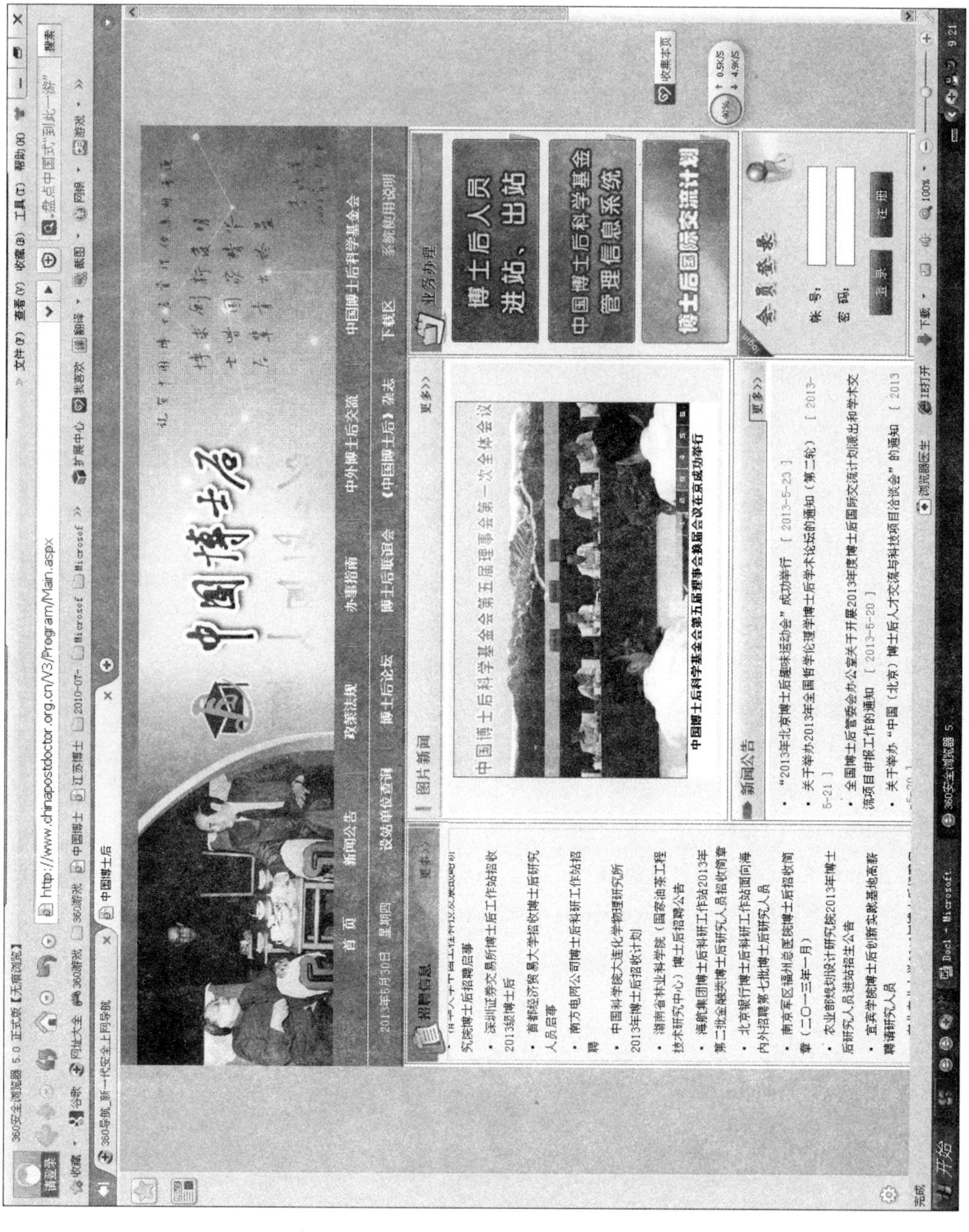
360安全浏览器 5.0 正式版【无痕浏览】
http://www.chinapostdoctor.org.cn/V3/Program/Main.aspx
中国博士后
首 页
新闻公告
政策法规
办事指南
中外博士后交流
中国博士后科学基金会
设站单位查询
博士后论坛
博士后联谊会
《中国博士后》杂志
下载区
系统使用说明
招聘信息
图片新闻
新闻公告
业务办理
博士后人员进站、出站
中国博士后科学基金管理信息系统
博士后国际交流计划
会员登录
帐 号:
密 码:
登 录
注 册
中国博士后科学基金会第五届理事会第一次全体会议
中国博士后科学基金会第五届理事会会议在京成功举行
"2013年北京博士后趣味运动会"成功举行 [2013-5-23]
关于举办2013年全国哲学伦理学博士后学术论坛的通知（第二轮） [2013-5-21]
全国博士后管委会办公室关于开展2013年度博士后国际交流计划派出和学术交流项目申报工作的通知 [2013-5-20]
深圳证券交易所博士后工作站招收2013级博士后
首都经济贸易大学招收博士后研究人员启事
中国科学院大连化学物理研究所2013年博士后招收计划
开始

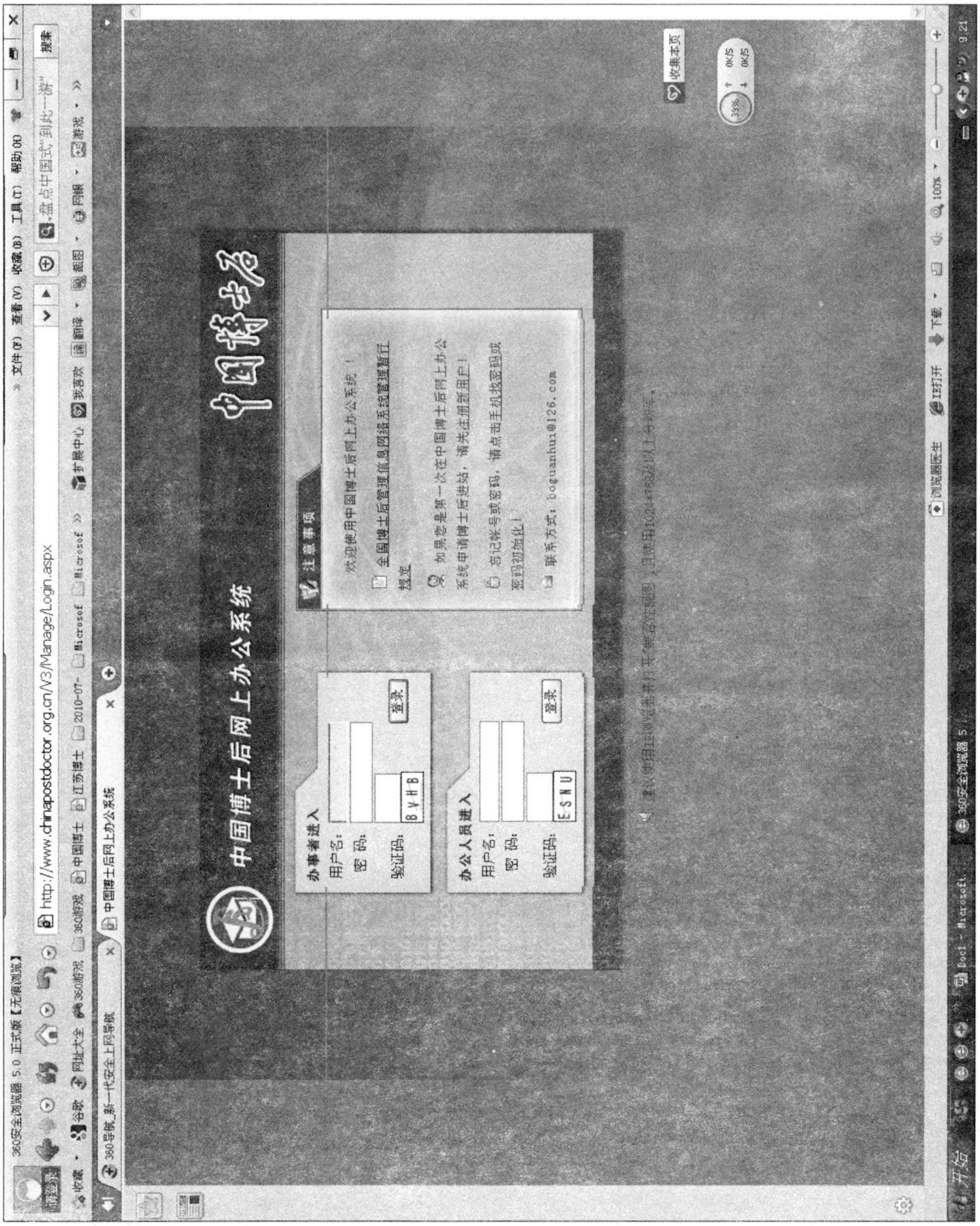
http://www.chinapostdoctor.org.cn/V3/Manage/Login.aspx
中国博士后网上办公系统
办事者进入
用户名:
密码:
验证码:
登录
办公人员进入
用户名:
密码:
验证码:
登录
注意事项
欢迎使用中国博士后网上办公系统！
联系方式：boguanhui@126.com

（二）注册人员信息

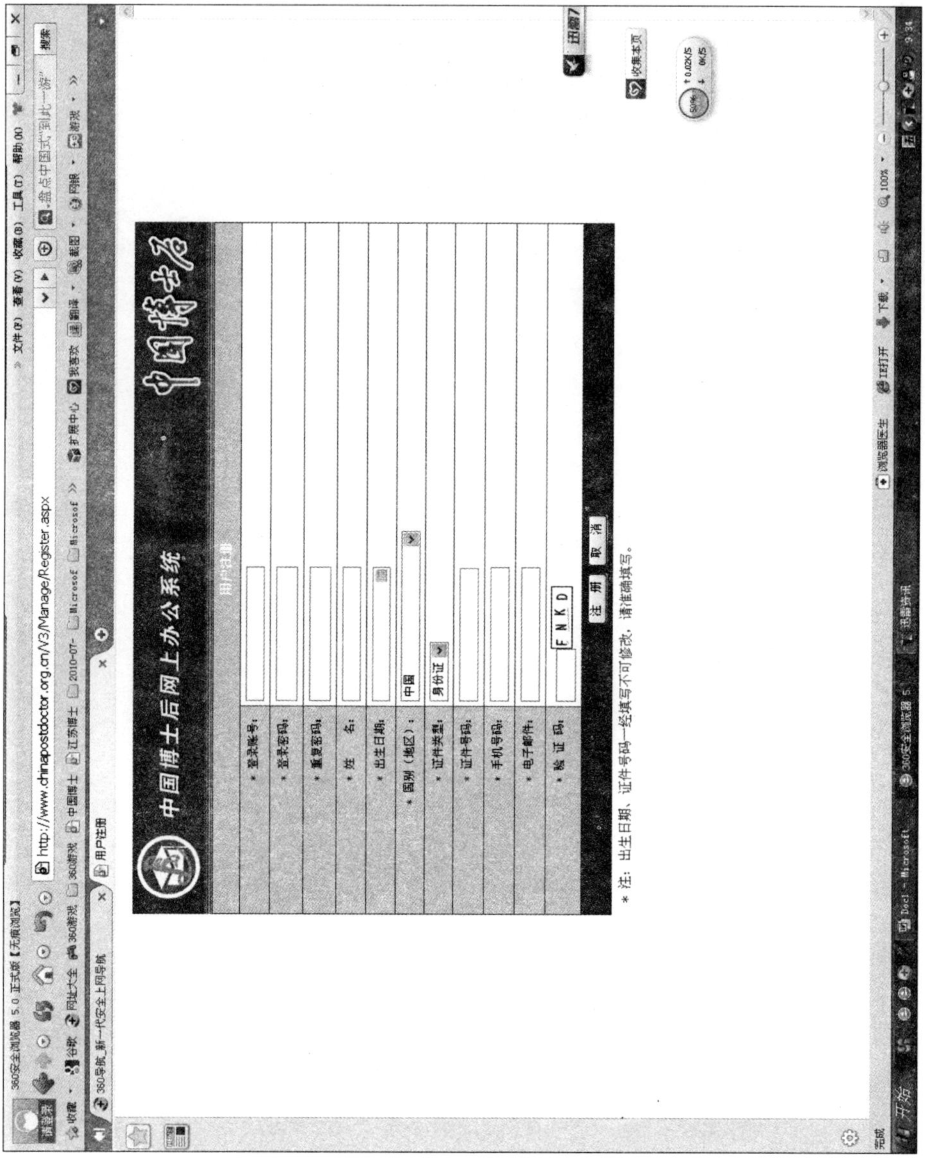
http://www.chinapostdoctor.org.cn/V3/Manage/Register.aspx
中国博士后网上办公系统
用户注册
* 登录账号：
* 登录密码：
* 重复密码：
* 姓　　名：
* 出生日期：
* 国别（地区）：
中国
* 证件类型：
身份证
* 证件号码：
* 手机号码：
* 电子邮件：
* 验 证 码：
F N K D
注 册
取 消
* 注：出生日期、证件号码一经填写不可修改，请准确填写。

（三）博士后研究人员信息的添加和招收类型的选择

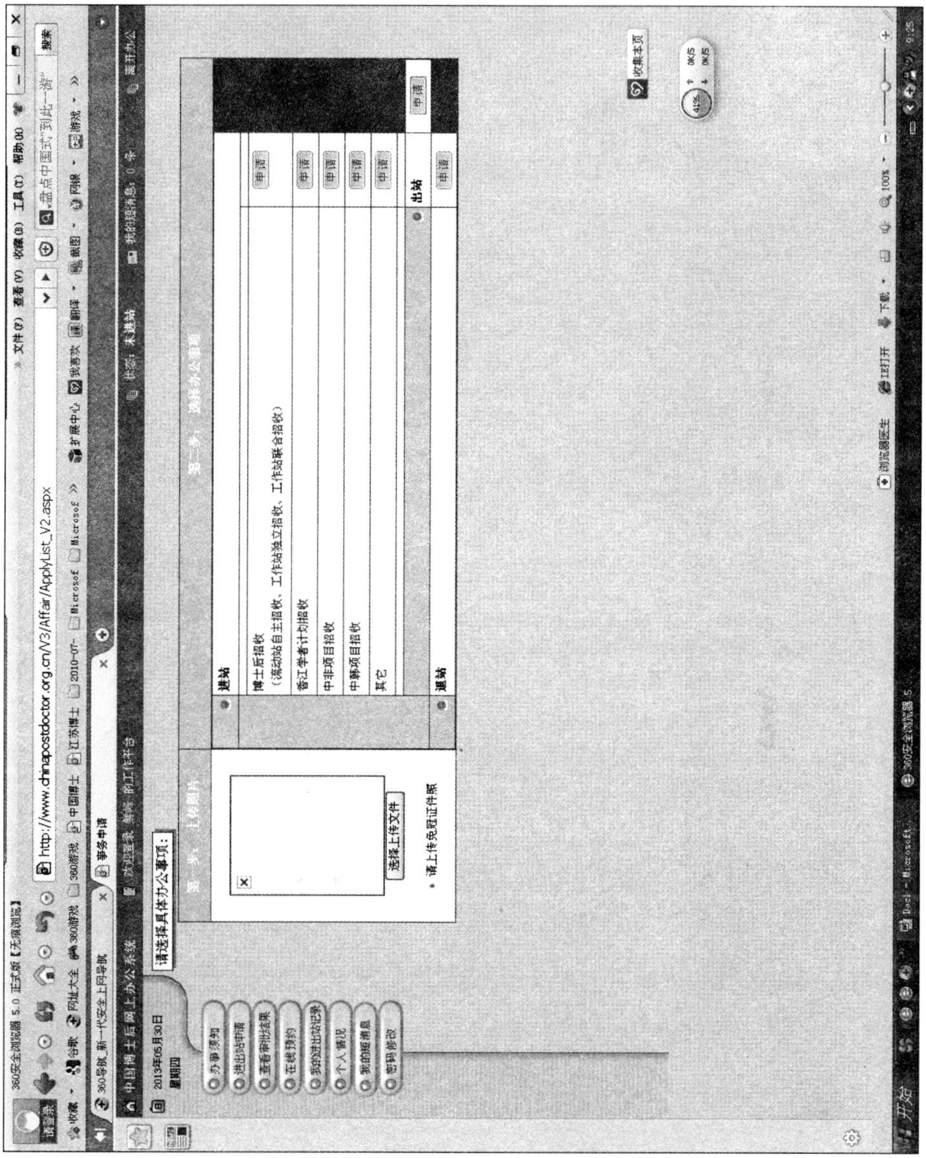

（四）填写基本进站信息

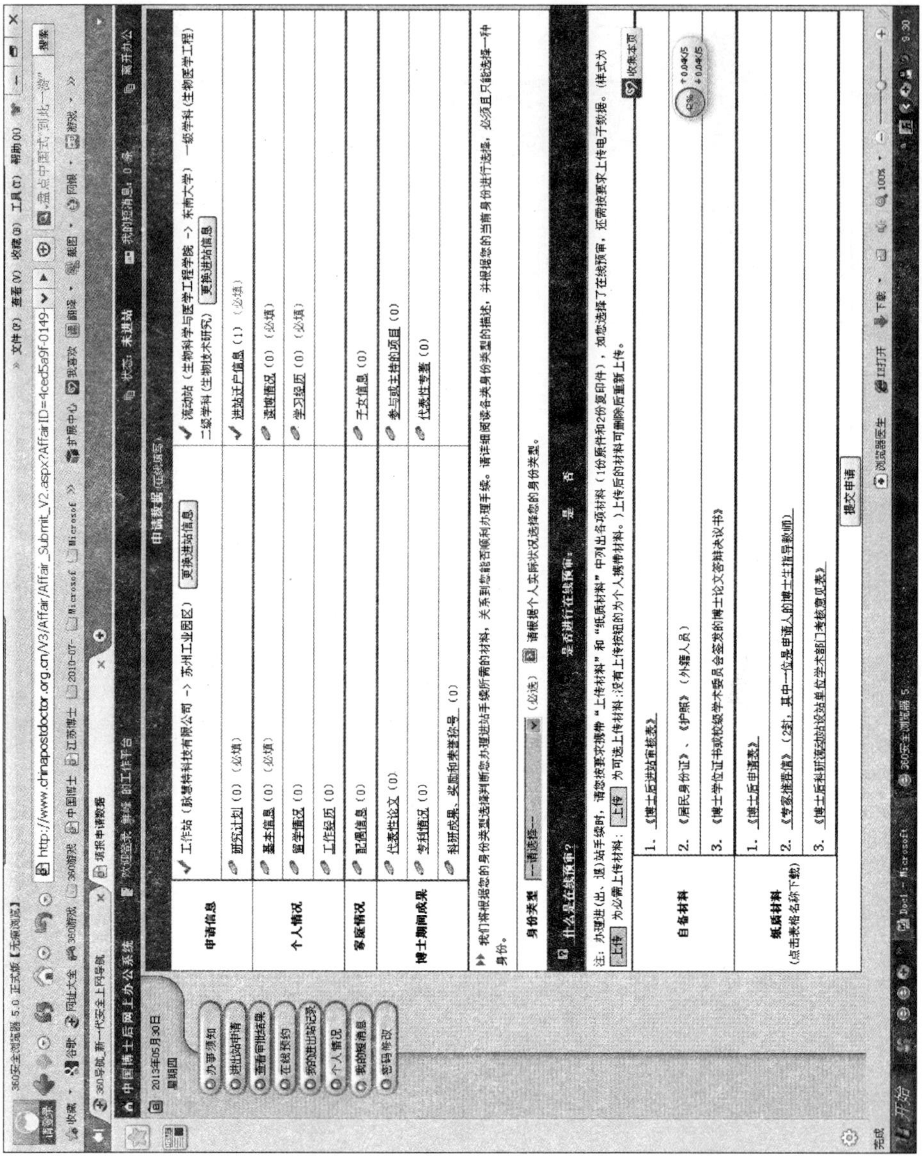
中国博士后网上办公系统
申请数据
申请信息
个人情况
家庭情况
博士期间成果
身份类型
什么是在线预审？
是否进行在线预审：
自备材料
纸质材料
提交申请

1. 填写合作导师和博士后研究项目名称

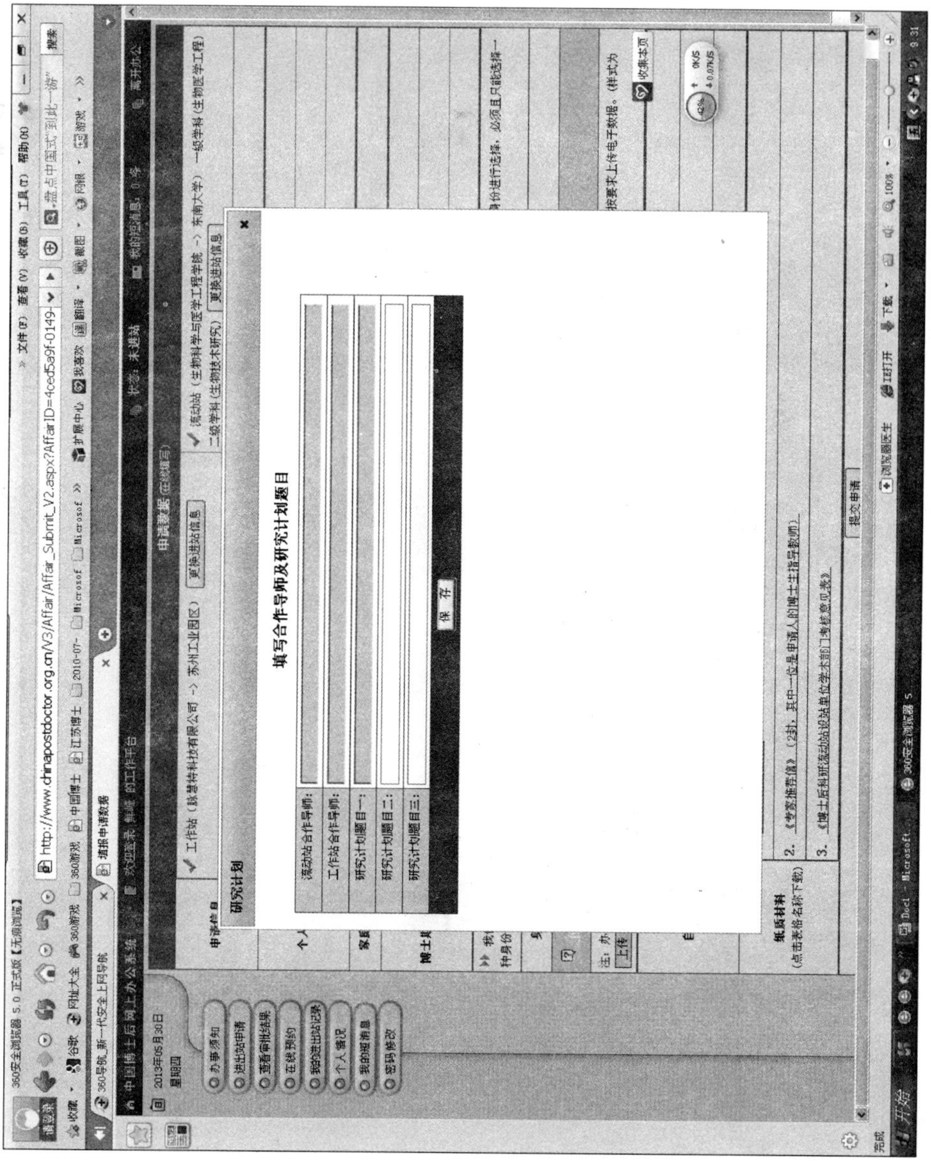

2. 如迁户，填写相关迁户信息

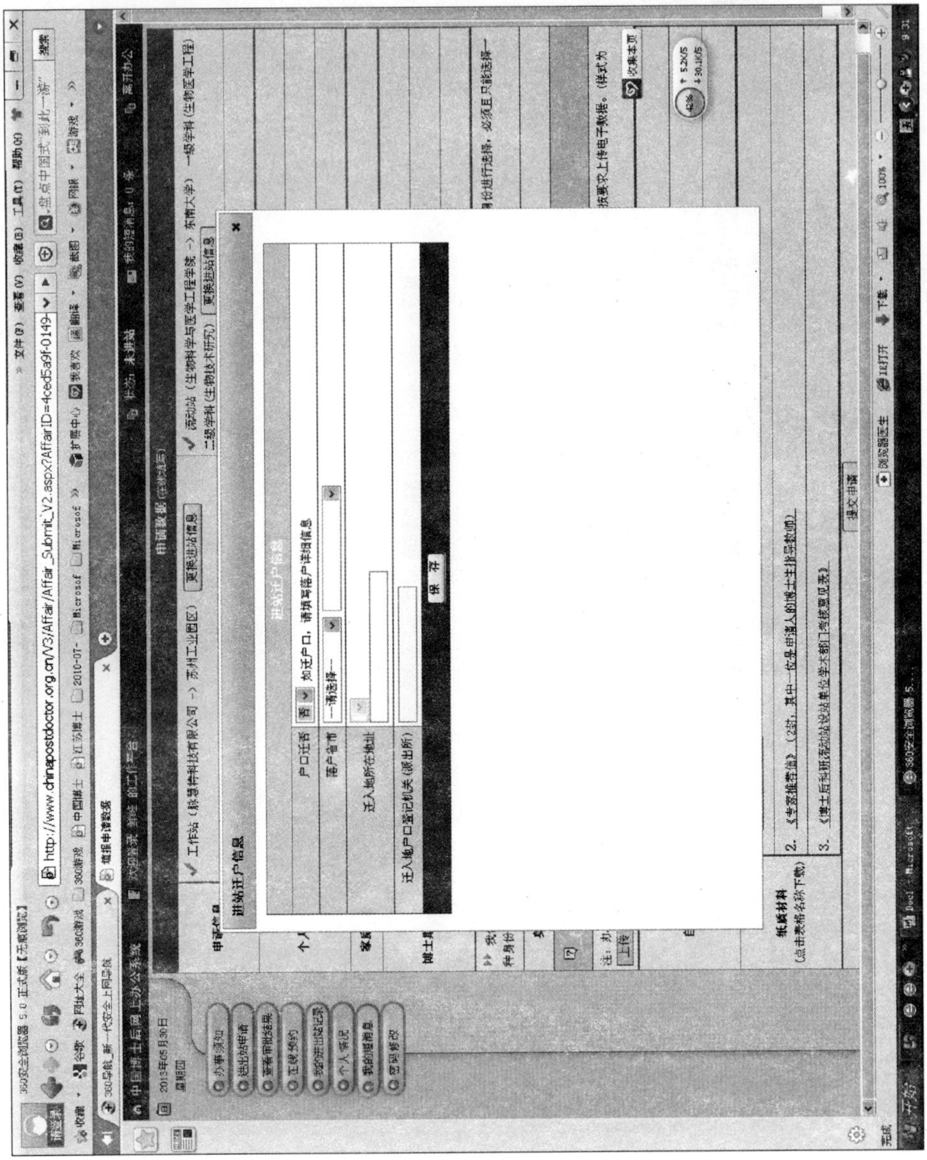

3. 填写个人基本信息

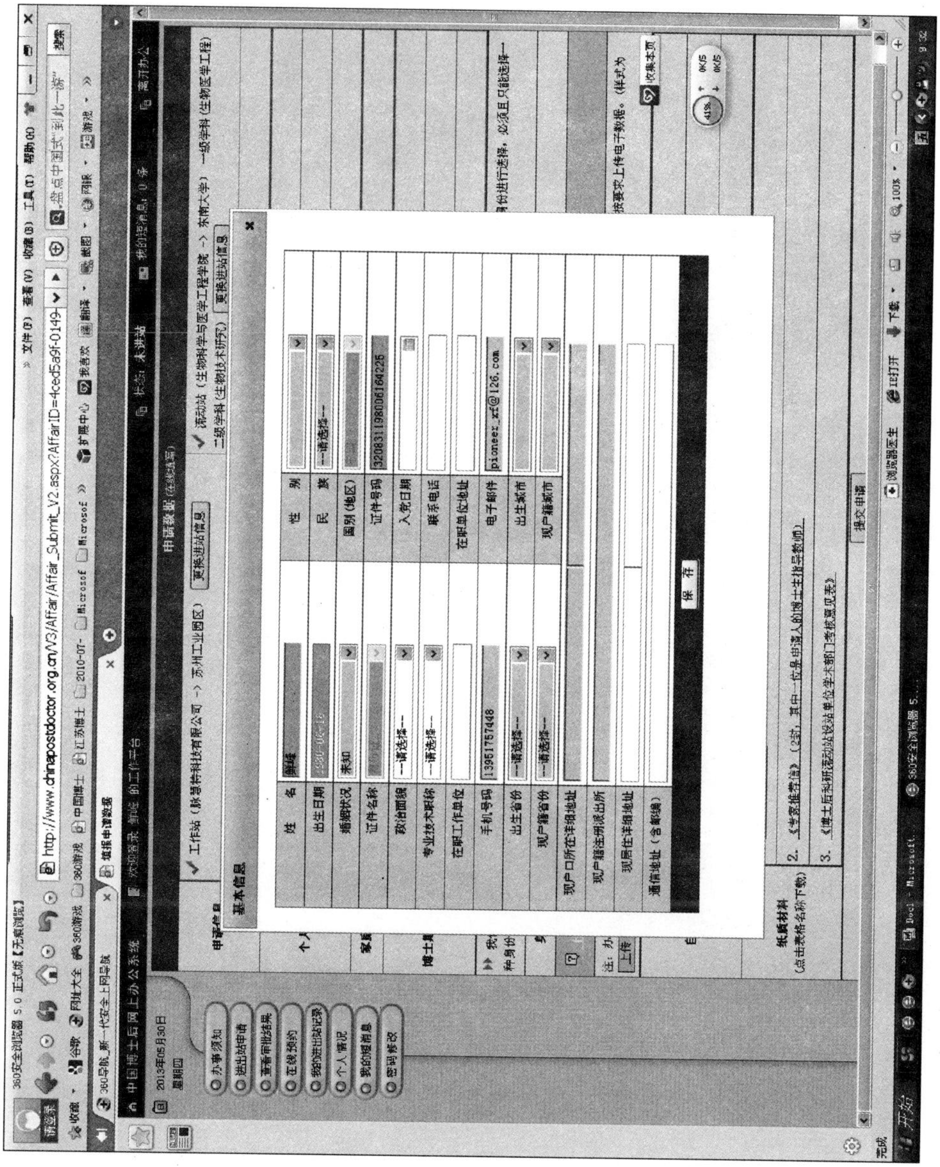
基本信息
姓　名
出生日期
婚姻状况
证件名称
政治面貌
专业技术职称
在职工作单位
手机号码
出生省份
现户籍省份
性　别
民　族
国别（地区）
证件号码
入党日期
联系电话
在职单位地址
电子邮件
出生城市
现户籍城市
现户口所在详细地址
现户籍注册派出所
现居住详细地址
通信地址（含邮编）
保　存
提交申请

4. 填写博士阶段基本信息

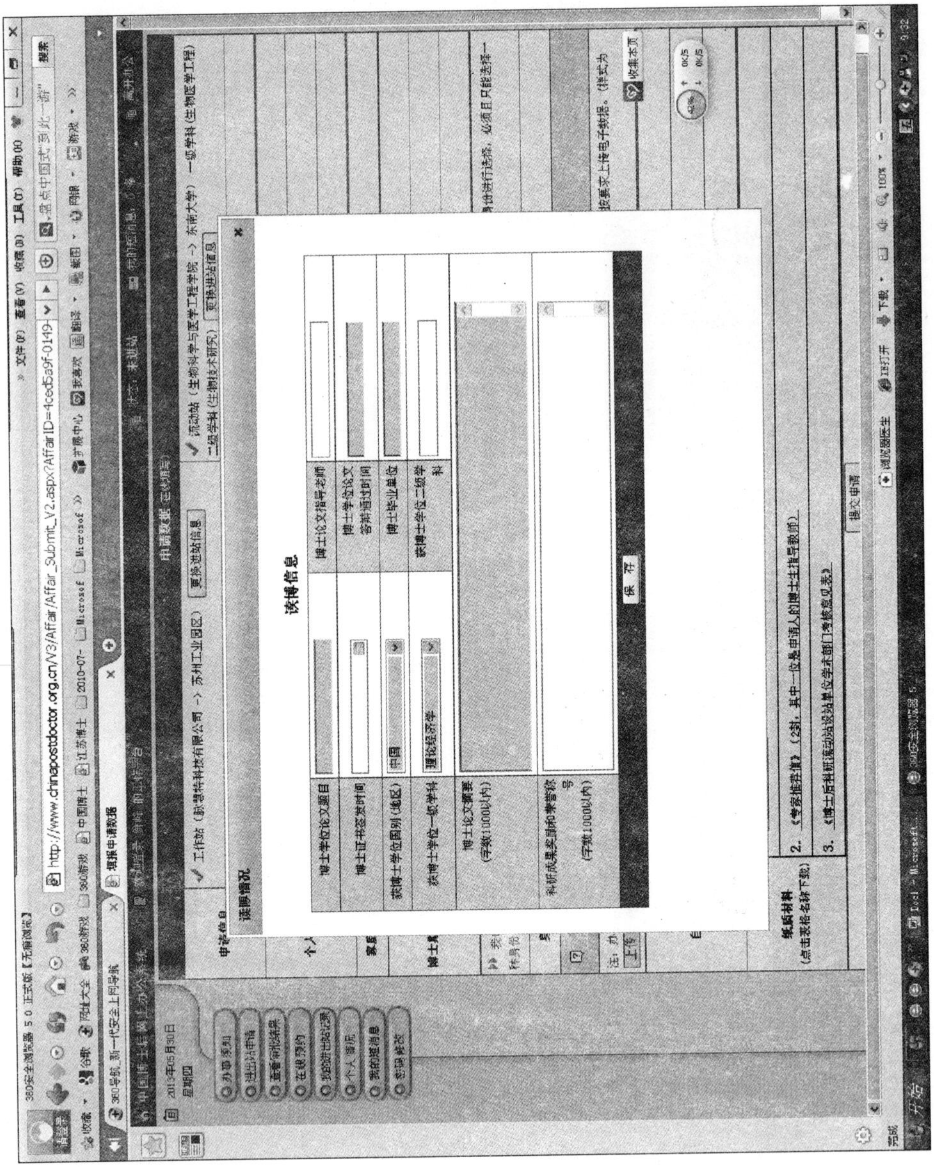

5. 填写学习经历

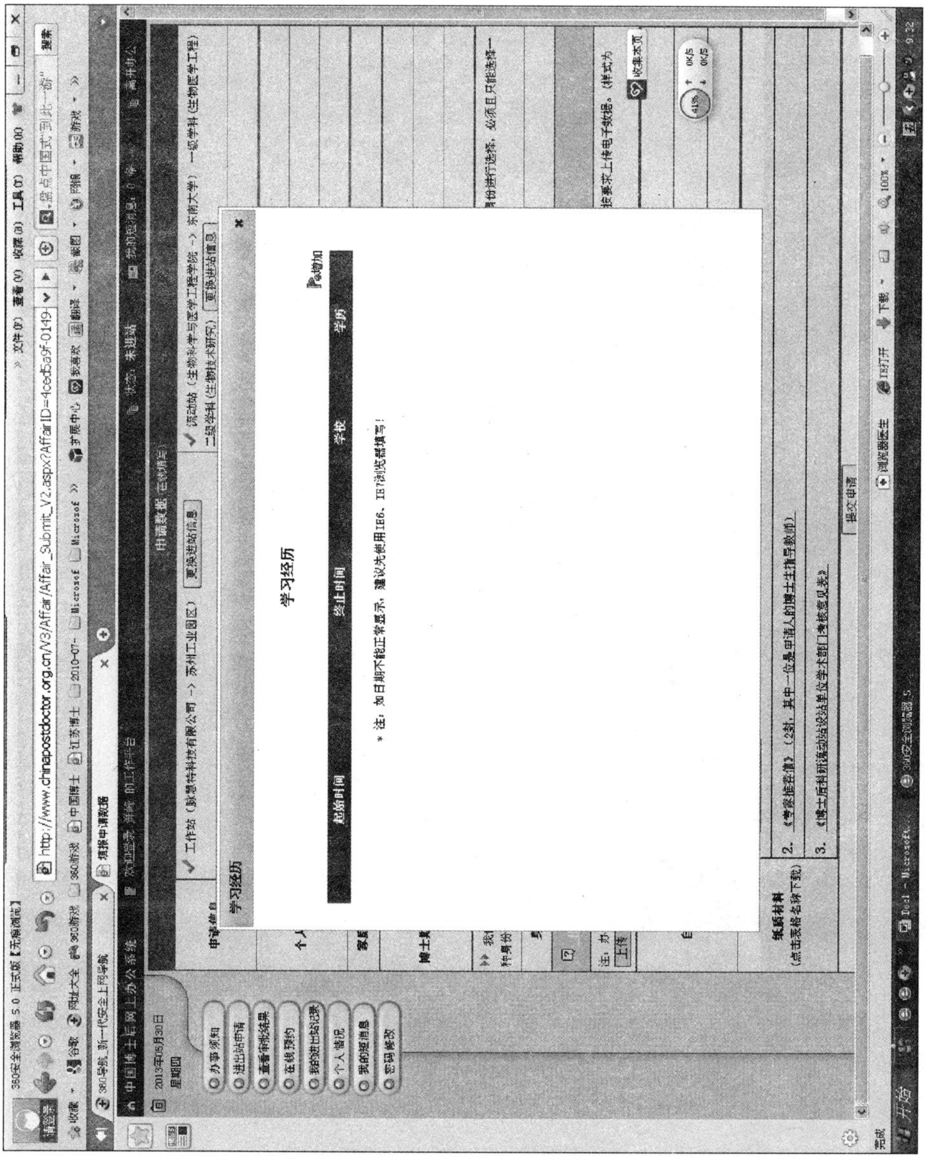
学习经历
学习经历
起始时间
终止时间
学校
学历
增加
* 注：如日期不能正常显示，建议先使用IE6、IE7浏览器填写！
提交申请

6. 填写工作经历

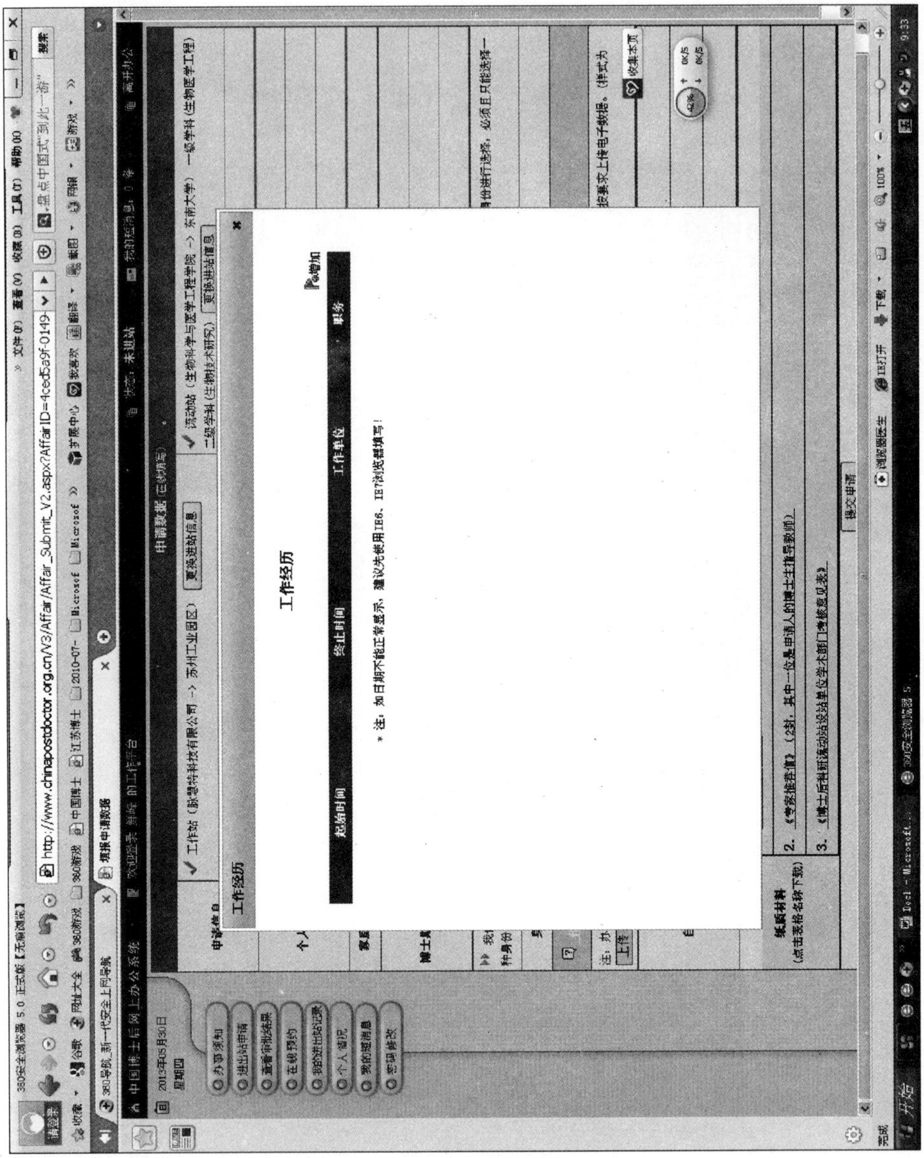
工作经历
起始时间
终止时间
工作单位
职务
增加
* 注：如日期不能正常显示，建议先使用IE6、IE7浏览器填写！
申请数据
提交申请

7. 选择博士后申请者身份类型

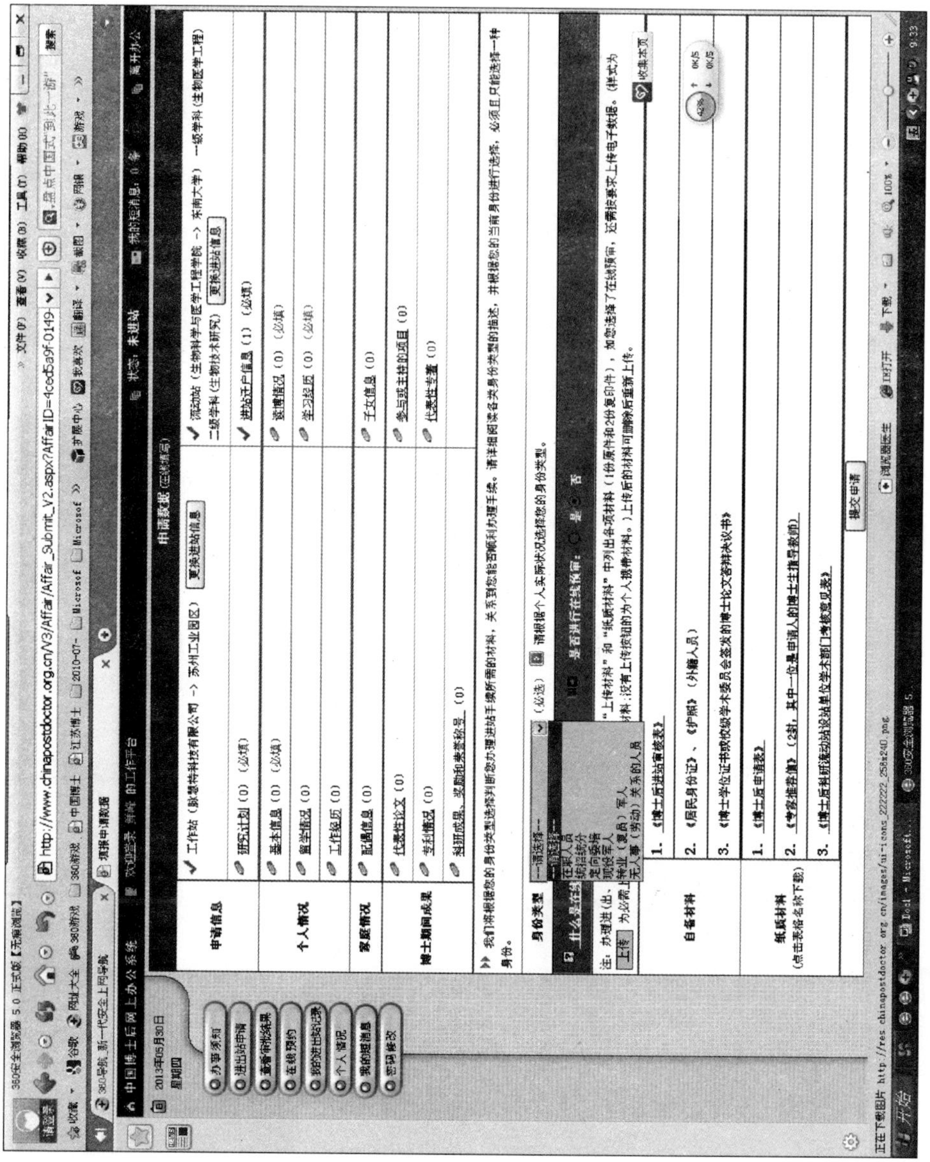

8. 向流动站设站单位主管部门提交以下纸质材料：

（1）《博士后申请表》[中国博士后网上在线打印纸质材料（每页右下角有验证码）/一式四份其中一份原件]；

（2）《专家推荐信》（两位专家/各一式四份其中一份原件）；

（3）《博士后进站审核表》（一式四份其中一份原件）；

（4）《博士后科研流动站设站单位学术部门考核意见表》（机构名称填写流动站名称，流动站负责人签字/一式四份其中一份原件）；

（5）身份证复印件、博士学位证书复印件或博士学位论文答辩委员会决议书复印件（盖学位办公室公章），以上材料需一式四份。

第二节　工作站联合招收进站手续办理

一、博士后研究人员进站审批流程

1. 申请人登录全国博士后管理系统注册、填报相关信息，形成电子流信息上报，并打印基本进站表格报送工作站设站单位博士后管理部门；

2. 工作站设站单位博士后管理部门登录全国博士后管理系统审批后，转至流动站设站单位进行审批；

3. 流动站设站单位对电子流信息进行审批后，转至工作站设站单位上报审批；

4. 工作站设站单位对电子流信息和纸质基本进站表格审核后，上报所在省人社厅审批，并出具博士后进、出站批复；

5. 省人社厅将批准进、出站人员材料上报，全国博管办博士后管理部门对电子流信息及纸质表格进行最终审核并备案。

二、博士后研究人员具体申请流程

1. 登录中国博士后网（www.chinapostdoctor.org.cn）；

2. 注册人员信息；

3. 博士后研究人员信息的添加和招收类型的选择。

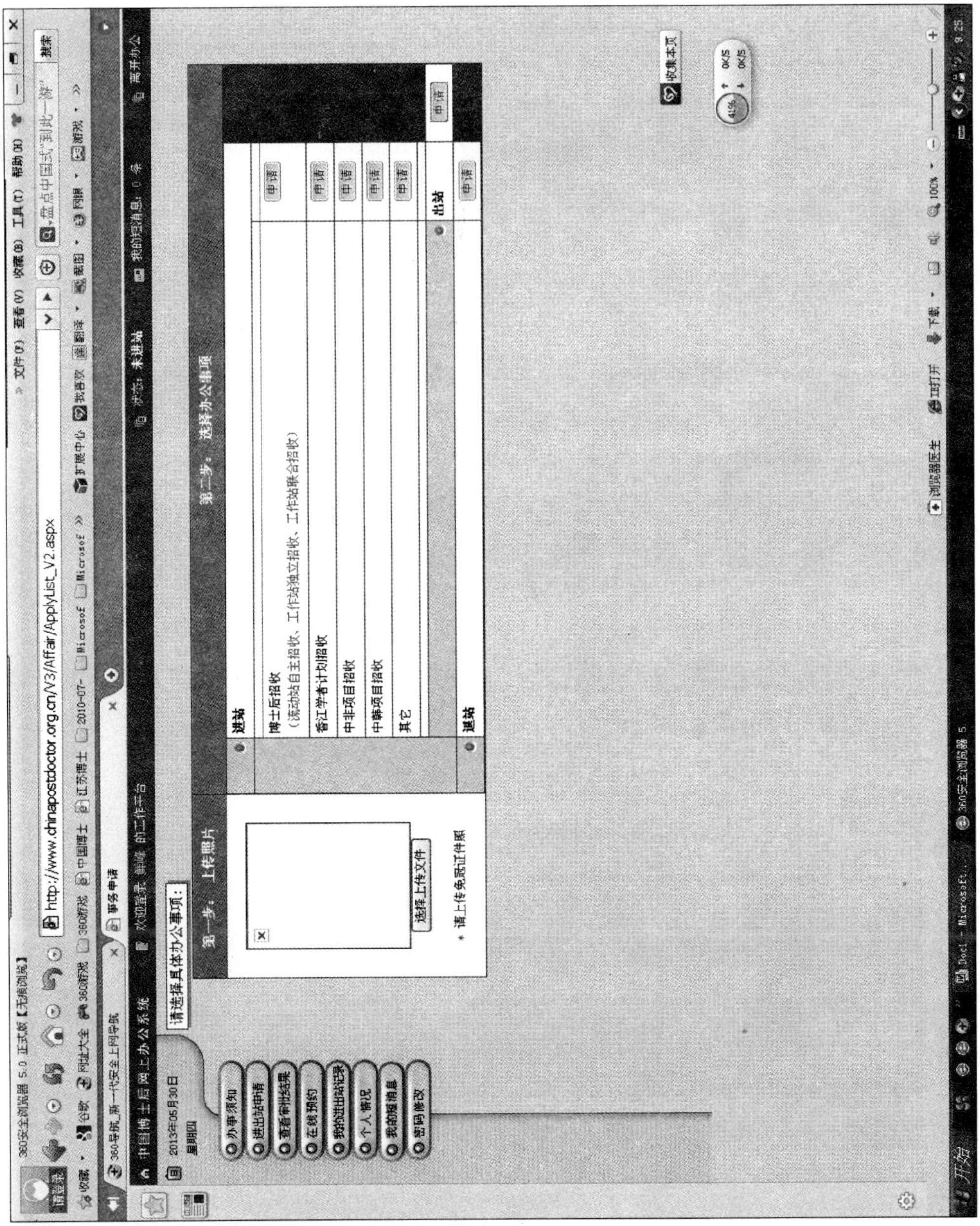
中国博士后网上办公系统
请选择具体办公事项：
办事须知
进出站申请
查看审批结果
在线预约
我的进出站记录
个人情况
我的短消息
密码修改
第一步：上传照片
选择上传文件
请上传免冠证件照
第二步：选择办公事项
进站
博士后招收
（流动站自主招收、工作站独立招收、工作站联合招收）
香江学者计划招收
中非项目招收
中德项目招收
其它
出站
退站
申请

4. 选择从事研究工作的工作站设站单位

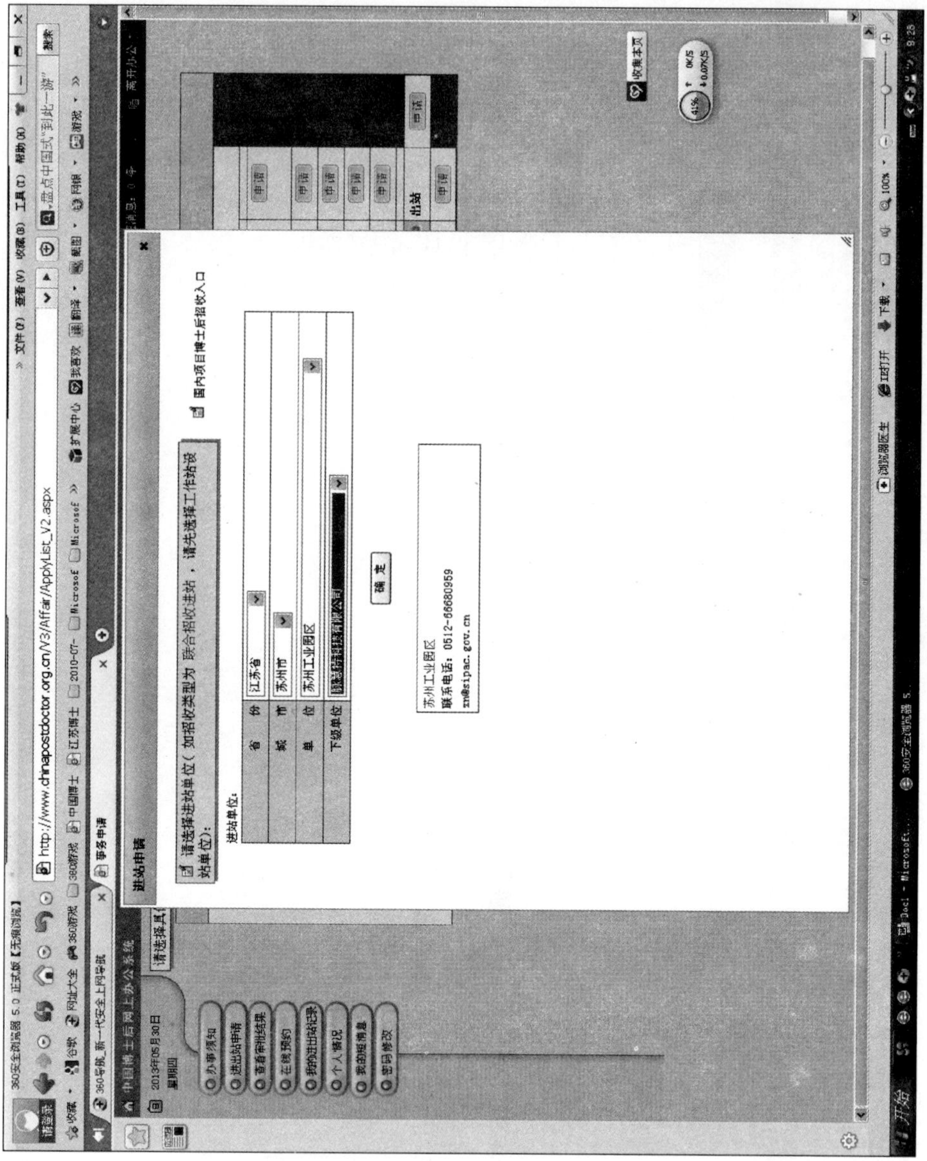

5. 选择从事研究工作的合作流动站设站单位

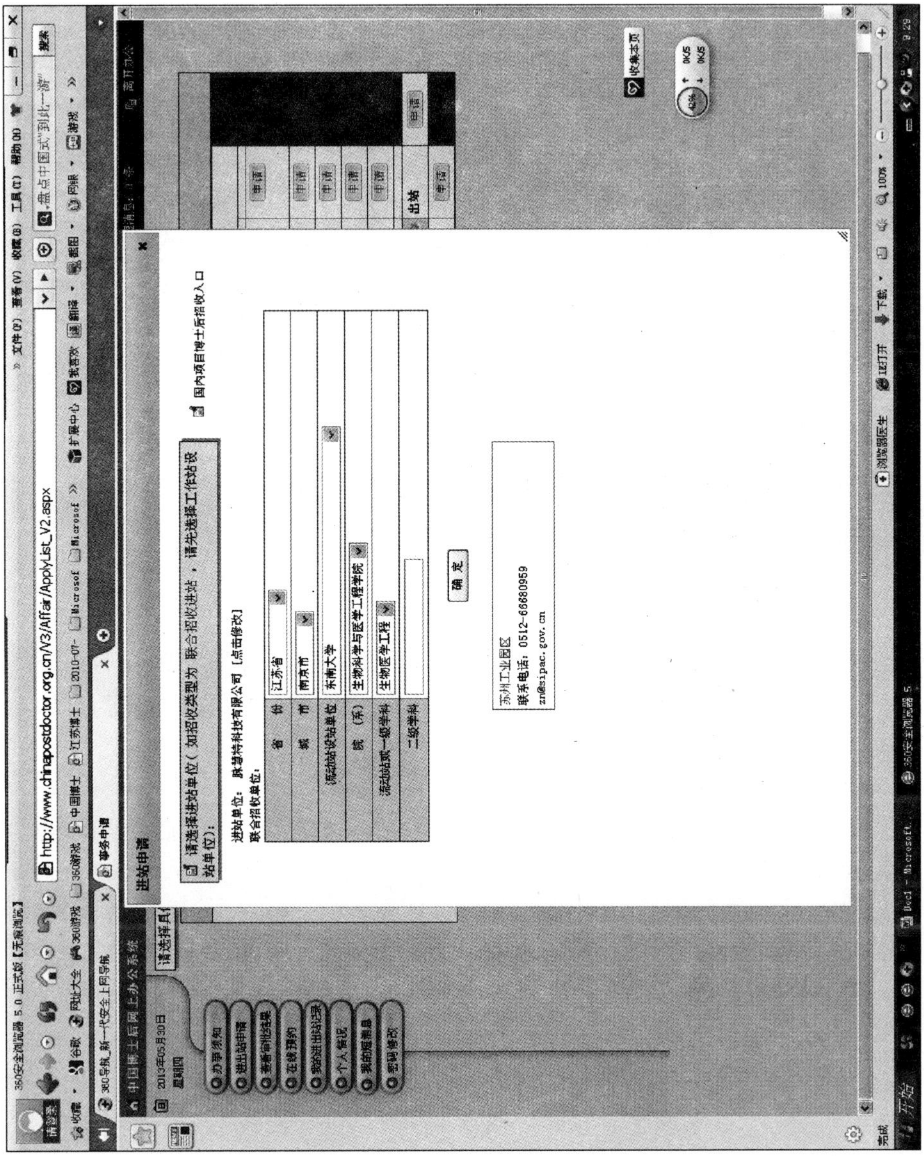

6. 向流动站设站单位主管部门提交以下纸质材料：

（1）《博士后申请表（工作站联合招收）》[中国博士后网上在线打印纸质材料（每页右下角有验证码）/一式四份其中一份原件]；

（2）《专家推荐信》（两位专家/各一式四份其中一份原件）；

（3）《博士后进站审核表》（一式四份其中一份原件）；

（4）《博士后科研流动站设站单位学术部门考核意见表》（一式四份其中一份原件）；

（5）《博士后科研工作站研究项目指导小组考核意见表》（一式四份其中一份原件）；

（6）《博士后科研工作站招收博士后研究项目立项表》（一式四份其中一份原件）；

（7）同时签订《联合培养博士后研究人员协议（国家级工作站）》（一式四份其中一份原件）；

（8）身份证复印件、博士学位证书复印件或博士学位论文答辩委员会决议书复印件（盖学位办公室公章），以上材料需一式四份。

第三节　省级创新实践基地联合招收进站手续办理

一、博士后研究人员进站审批流程

（与博士后研究人员进站审批流程相同）

二、博士后研究人员具体申请流程

网上登录流程与博士后进站流程相同，向流动站设站单位主管部门提交以下纸质材料：

1.《博士后申请表》[中国博士后网上在线打印纸质材料（每页右下角有验证码）/一式四份其中一份原件]；

2.《专家推荐信》（两位专家/各一式六份其中一份原件）；

3.《博士后进站审核表》（一式六份其中二份"工作站设站单位博士后工作主管部门"需创新实践基地填写、盖章）；

4.《博士后科研流动站设站单位学术部门考核意见表》（一式六份其中一份原件）；

5.《博士后申请表（工作站联合招收）》[附件直接下载打印/一式二份其中一份原件]；

6.《博士后科研工作站研究项目指导小组考核意见表》（一式二份其中一份原件）；

7.《博士后科研工作站招收博士后研究项目立项表》（一式二份其中一份原件）；

8. 同时签订《联合培养博士后研究人员协议（江苏省创新实践基地）》（一式四份其中一份原件）；

9. 身份证复印件、博士学位证书复印件或博士学位论文答辩委员会决议书复印件（盖学位办公室公章），以上材料需一式六份。

第二章　博士后在站管理与服务

第一节　博士后研究人员科研课题的确定

博士后研究人员的研究课题，应在结合进站单位承担的重点科研项目的前提下，由本人与合作导师协商确定。博士后研究人员必须按照确定的研究课题和计划专心致志地做好研究工作，如需改变研究项目和计划时，要征得进站单位同意。设站单位要鼓励博士后研究人员结合国家经济、科技发展的需要，结合设站单位学科建设和科研发展的重点提出研究方向和内容，支持博士后研究人员独立承担研究任务，在科研工作中培养博士后研究人员的独立工作、开拓创新、组织协调等能力。

第二节　博士后研究人员的考核

各设站单位负责建立本单位在站博士后研究人员的考核指标体系以及博士后研究人员中期考核和出站考核制度，制定对博士后研究人员目标管理、绩效评价、奖励惩处等具体管理办法，对博士后研究人员进行定期学术考核。

博士后研究人员的人事管理归属于设站单位，设站单位应按有关规定组织博士后研究人员的年度考核，并将考核结果记录在博士后研究人员的人事档案中。

企业博士后研究人员的考核工作可以通过联合培养协议委托企业工作站或创新实践基地负责。

第三节　博士后研究人员的成果归属

设站单位应与博士后研究人员签订协议或通过政策制度，明确其产权成果归属。尤其对于企业联合培养的博士后研究人员，应通过企业联合培养协议书明确界定企业工作站、创新实践基地与合作流动站之间的成果归属问题。

第四节　博士后研究人员的保险保障

博士后研究人员应与设站单位职工享受同等的医疗保障待遇，所需资金的筹集应当执行设站单位职工医疗保险资金的筹集办法。对于外籍博士后研究人员,建议设站单位或流动站为其提供医疗、人身意外事故等各项社会保险作为保障。

第五节　博士后研究人员的户口管理

一、博士后户口的迁入

根据博士后管理规定:“博士后人员进站报到后,可在设站单位所在地落常住户口,凭人事部博士后管理部门或有关省、自治区、直辖市人事部门介绍信和其他有效证明材料,到公安户政管理部门办理户口迁出和落户手续,其配偶及未成年子女可以随其流动,按有关规定到当地公安派出所办理暂住手续。”

申请人办理进站手续时,需要在全国博管会网站上填写本人户口信息,已婚者必须填写家属户口信息。博士后进站户口属自愿迁移,迁入户口地址只能为设站单位的集体户口地址。申请人办理进站手续时,持省博士后协会出具《江苏省人力资源和社会保障厅介绍信》和《调动人员情况登记表》及其他有效证明材料,在有效期限内(一般为四十天)到设站单位集体户口所在地公安分局办理迁入手续。以河海大学为例,具体流程如下:

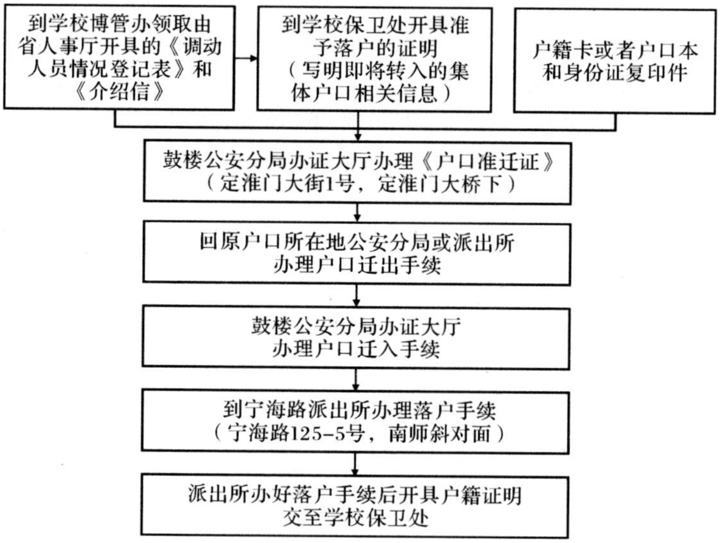

二、博士后户口的迁出

根据博士后管理规定:“博士后人员期满出站,到人事部博士后管理部门或有关省、自治区、直辖市办理出站手续。凭人事部博士后管理部门或有关省、自治区、直辖市人事部门的介绍信和其他有效证明材料,到当地公安户政管理部门办理本人及配偶和未成年子女的户口迁出和落户手续。”

博士后在站期间，其集体户口不得办理迁移，其他功能与常住人员户口一致。博士后期满出站，本人户口可以申请迁移至接收单位所在城市，家属户口与接收单位不在同一城市的，可以申请随同迁移。申请人办理出站手续时，持省博士后协会出具《江苏省人力资源和社会保障厅博士后研究人员分配工作介绍信》到录用单位报到，持《江苏省人力资源和社会保障厅介绍信》和《调动人员情况登记表》及其他有效证明材料，在有效期限内（一般为四十天）到设站单位集体户口所在地公安分局办理迁出手续。

外省出站落户到我省的博士后人员，需持外省（市）博士后管理部门出具的户口介绍信到省博士后协会，经协会转开介绍信后，到相应公安部门办理落户手续；在我省出站落户到外地的博士后人员，需持省博士后协会开具的落户介绍信，到工作地归属试点省市博士后管理部门换开介绍信，凭换开的介绍信到当地公安部门办理落户事宜。如落户地不属于试点省市范围内的，统一由全国博管办开具介绍信，再到当地市局办理相应落户事宜。

第六节　博士后研究人员的档案管理

申请人正式进站后，由设站单位开具档案商调函，申请人持函至原档案所在单位办理档案转移。

博士后在站期间个人档案中应包括：

1. 进站批文原件；
2. 博士后研究人员申请表原件；
3. 专家推荐信原件；
4. 博士后研究人员进站审核表原件；
5. 博士后科研流动站设站单位学术部门考核意见表原件；
6. 博士后科研工作站研究项目指导小组考核意见表原件（企业联合）；
7. 博士后科研工作站招收博士后研究项目立项表原件（企业联合）；
8. 企业联合培养协议书原件（企业联合）；
9. 博士后研究人员工作期满登记表原件；
10. 博士后研究人员工作期满业务考核表原件；
11. 博士后研究人员工作期满审批表原件。

设站单位为事业单位的，参照本单位同等人员管理，需要为博士后档案中补充以下材料：

1. 事业单位年度考核表；
2. 事业单位工资审批表；
3. 养老保险视同缴纳证明。

博士后出站时，须有接收单位出具的接收函。江苏省博士后协会根据接收函上单位名称出具报到介绍信。出站博士后人员持介绍信到设站单位办理档案转移手续。

第三章　博士后出站管理与服务

第一节　流动站独立招收出站手续办理

一、博士后研究人员出站要求

博士后研究人员工作期满必须出站。各设站单位根据单位出站成果要求对博士后人员进行考核评定，在满足条件的基础上，受理其出站材料并到省博士后协会办理出站手续。

二、博士后研究人员出站审批流程

1. 申请人用进站时注册用户名及密码登录全国博士后管理系统填报相关信息，形成电子流信息上报，并打印出站表格报送流动站设站单位博士后管理部门；

2. 流动站设站单位博士后管理部门登录全国博士后管理系统审批后，将出站表格报送省人社厅审批；

3. 省人社厅审批后，出具博士后出站批复；

4. 省人社厅将批准出站人员材料上报，全国博管办博士后管理部门对电子流信息及纸质表格进行最终审核并备案。

三、博士后研究人员具体申请流程

登录中国博士后网（www.chinapostdoctor.org.cn），与进站信息填报流程相同。获得国家博士后科研基金资助的博士后研究人员出站时，需要登录“中国博士后科学基金管理信息系统”并填报相关信息。

四、博士后研究人员出站提交的材料

1.《博士后研究人员工作期满登记表》[中国博士后网上在线打印纸质材料（每页右下角有验证码）/一式四份其中一份原件]；

2.《博士后研究人员工作期满业务考核表》（一式四份其中一份原件）；

3.《博士后研究人员工作期满分配工作审批表》（一式四份其中一份原件）；

4. 接收函（需接收单位人事部门盖章/一式四份其中一份原件）；

5.《博士后研究工作报告》（一式二份）；

6. 三证复印件：身份证、结婚证、子女出生证或独生子女证（一式四份）；

7. 在站期间获得博士后科学基金资助的博士后研究人员须提交《中国博士后科学基金资助项目总结报告》（一式两份）；

8. 在站期间获得江苏省科研资助的博士后研究人员须提交《江苏省博士后科研资助计划项目总结报告》（一式两份）、《江苏省博士后科研资助计划项目经费决算表》（一式两份）。

如果在站时间超过三年，还需提交延期出站事由说明。

五、出站批复材料

1. 博士后研究人员分配工作介绍信（出站后不能自主择业的博士后研究人员不适用）；

2. 博士后研究人员及其配偶、未成年子女落户介绍信和调动人员情况登记表（出站后不能自主择业的博士后研究人员或配偶为现役军人、在读的大、中专学生、本科生、研究生、出国人员均不适用）；

3.《博士后证书》（对考核合格的出站博士后研究人员，颁发由人力资源和社会保障部、全国博士后管委会统一印制、编号和盖章的《博士后证书》）。

第二节　工作站联合招收出站手续办理

基本流程与流动站独立招收人员出站手续一致。

在出站提交的材料中，《博士后研究人员工作期满业务考核表》需要工作站和流动站分别填写。

第三节　省级创新实践基地联合招收出站手续办理

基本流程与流动站独立招收人员出站手续一致。

第四节　博士后退站手续办理

一、博士后研究人员退站要求

1. 博士后研究人员在站期间因个人原因无法继续博士后研究工作的，可向设站单位提出退站申请；

2. 博士后研究人员在站期间，有下列情形之一者，设站单位有权对博士后进行退站处理：

（1）考核不合格的；

（2）在学术上弄虚作假，影响恶劣的；

（3）受警告以上行政处分的；

（4）无故旷工连续 15 天或一年内累计旷工 30 天以上的；

（5）因患病等原因难以完成研究工作的；

（6）出国逾期不归超过 30 天的；

（7）其他情况应予退站的。

二、博士后研究人员退站材料

1.《博士后研究人员退站表》（本人申请，导师及单位附意见）；

2. 涉及博士后的档案及户口，原则上迁回原籍或迁往人才市场托管。

三、博士后研究人员退站流程

1. 博士后本人向设站单位或合作导师提出退站申请；

2. 经设站单位、合作导师同意；

3. 准备材料，办理相应退站手续；

4. 特殊原因经设站单位同意，合作导师同意，可以提交以上相关材料办理强制退站手续。

第三篇　博士后科研资助与国际化培养

第一章　博士后科研资助

第一节　中国博士后科学基金资助

中国博士后科学基金资助设置是面向博士后本人，旨在资助具有创新能力和发展潜力的优秀博士后研究人员，促使他们在科研工作中完成创新研究项目，培养他们迅速成长为适应社会主义现代化建设需要的各类复合型、战略型和创新型人才。

中国博士后科学基金分面上资助和特别资助两种类型。面上资助是为博士后研究人员从事自主创新研究提供的科研启动或补充经费，资助标准为一等 8 万元 / 人、二等 5 万元 / 人。特别资助对在站期间取得重大科研成果和研究能力突出的博士后研究人员进行资助，资助标准为 15 万元 / 人。

1. 申请时间（具体时间以当年度正式通知为准）

上半年面上资助：2 月份

下半年面上资助：7 月份

特别资助：4 月份

博士后基金采取“不定期申，定期评审”的形式，即全年在线接受博士后人员的申报，在固定时间开始汇总申报材料组织专家评审。

2. 申请条件

（1）面上资助

① 在站博士后研究人员；

② 具备良好的思想品德、较高的学术水平和较强的科研能力；

③ 进站后一年半内可多次申请，每站只能获得一次面上资助；

④ 申报项目应具有基础性、原创性和前瞻性，具有重要科学意义和应用价值，且为本人承担；

⑤ 不限制申报人数。

（2）特别资助

① 进站满 4 个月的博士后研究人员可以申请，每站只能获得一次特别资助；

② 申请人有突出的学术水平和研究能力，发展潜力大，有创新思维，在站期间的创新研究工作展现出良好前景；

③ 由设站单位按中国博士后科学基金会核定名额择优推荐；

④ 申报项目可以是获得中国博士后科学基金面上资助项目的延续和深化，但必须有新的创

新点或创新成果；

⑤ 具备下列条件之一的博士后研究人员，可优先推荐：

ⅰ. 获得中国博士后科学基金面上资助，或获得国家自然科学基金、国家社会科学基金等资助；

ⅱ. 作为主要研究人员参加“863”、“973”、国家知识创新工程等重大科技项目；

ⅲ. 获得省部级以上科技奖励或学术荣誉称号；

ⅳ. 设站单位引进的优秀留学人才；

ⅴ. 设站单位重点培养的学术技术带头人后备人才。

3. 申请程序

（1）登录中国博士后网站“中国博士后科学基金管理信息系统”，下载申报软件；

（2）网下填报申报内容，导出数据；

（3）在线上传申报数据；

（4）打印纸质申请书，报送所在设站单位审核。申请特别资助时，需附一套纸质证明材料复印件，证明材料不需网上传输。材料包括：科研学术类奖励或专利证书、重要的学术称号或荣誉称号证书、学术专著的版权页或重要学术论文的期刊封面及论文首页等。

4. 注意事项

（1）纸质申请书中的校验码与网上一致为有效。

（2）申报资助项目如涉密，申请材料不得在网上提交。申请人员需下载申报软件，网下填写后打印纸质申请书并刻录光盘，一并交所在设站单位。设站单位派专人持单位介绍信报送基金会。

（3）网上提交申报数据后，如需修改，须向设站单位提出申请，由设站单位网上驳回。

（4）博士后科学基金资助专家通讯评议采取网上匿名评审方式，申请人不得在申请材料中有意泄露个人信息，包括姓名、所在设站单位等，一经查出，取消其申报资格。

（5）申报材料的内容应当真实可靠，不得弄虚作假。

5. 资助名单公示

按照《中国博士后科学基金资助规定》，中国博士后科学基金实行公示制度。公示期内博士后研究人员及其他相关人员如对公示人选有异议，可向中国博士后科学基金会提出质询，中国博士后科学基金会将予以回复。质询内容只针对评审程序等内容，但不包括评审专家的学术评价。

6. 获得资助注意事项

（1）资助金获得者在公开发表资助成果时，应标注“中国博士后科学基金资助项目”。

（2）根据《中国博士后科学基金资助规定》，获资助博士后研究人员出站时必须向设站单位提交《中国博士后科学基金资助总结报告》。提交方式如下：获资助博士后研究人员办理出站手续时，登录“中国博士后科学基金管理信息系统”，网上填报资助总结报告并在线提交至设站单位，同时打印一份纸质资助总结报告，交设站单位审核、备案。地方涉密项目获资助博士后研究人员不可在网上提交纸质资助总结报告，需登录“中国博士后科学基金管理信息系统”，下载资助总结报告模板，网下填写打印并刻录光盘一张，交所在设站单位审核、备案。

第二节　江苏省博士后科研资助

一、江苏省博士后科研资助计划简介

"江苏省博士后科研资助计划"面向全省在站博士后研究人员，主要资助自然科学应用研究、具有原创性或开拓性的自然科学基础研究和社会科学研究项目。

资助类别及金额分为三类：

A 类，资助金额 6 万 ~8 万元人民币，支持国际先进、国内同行领先、能产生明显经济社会效益的项目，或跟踪国际学科发展前沿、具有良好研究和应用前景、对学科建设有重要推动作用的项目；

B 类，资助金额 3 万 ~5 万元人民币，支持国内同行领先、能产生良好经济社会效益的项目，或学术意义重大，具有先进性和开拓性、有良好研究和应用前景的项目；

C 类，资助金额 1 万 ~2 万元人民币，支持国内先进、能产生较好经济社会效益的项目，或学术思想新颖、立论充分、有良好研究和应用前景的项目，或着眼于理论创新和实践问题解决的社会科学研究项目。

在我国科学发展中具有战略意义，可望取得重大突破、达到或接近国际先进水平的前沿性基础研究项目，或对我省经济社会发展，特别是对我省支柱产业和高新技术产业发展有重要影响，具有重大应用价值的研究项目，可以不受上述资助类别和金额的限制。

二、申请时间（具体时间以正式通知为准）

上半年面上资助：3 月份

下半年面上资助：9 月份

三、申请程序

（一）登录江苏博士后网站"江苏博士后资助申报系统"；

1. 点击登录界面，选择登录类型

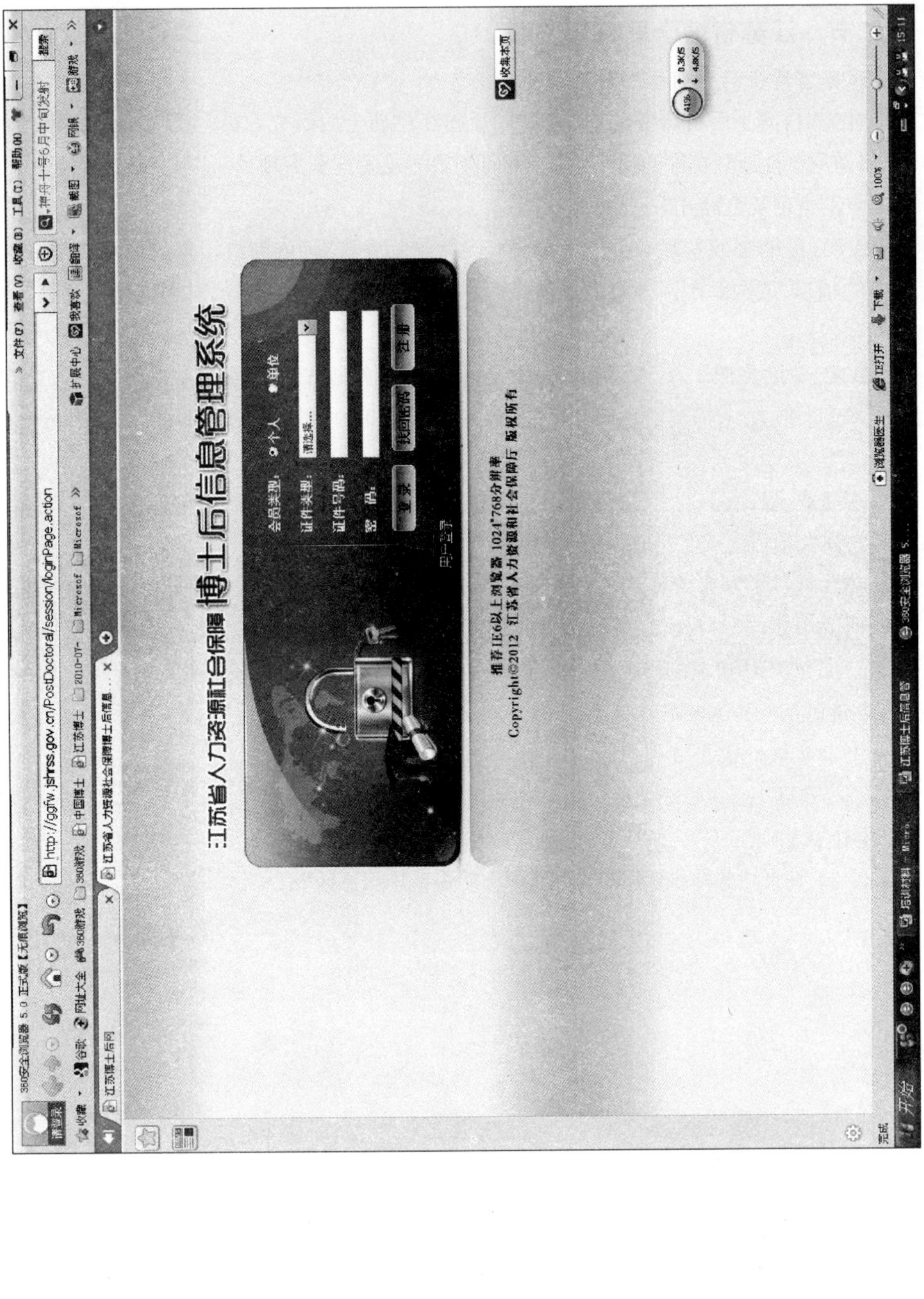

2. 注册基本信息

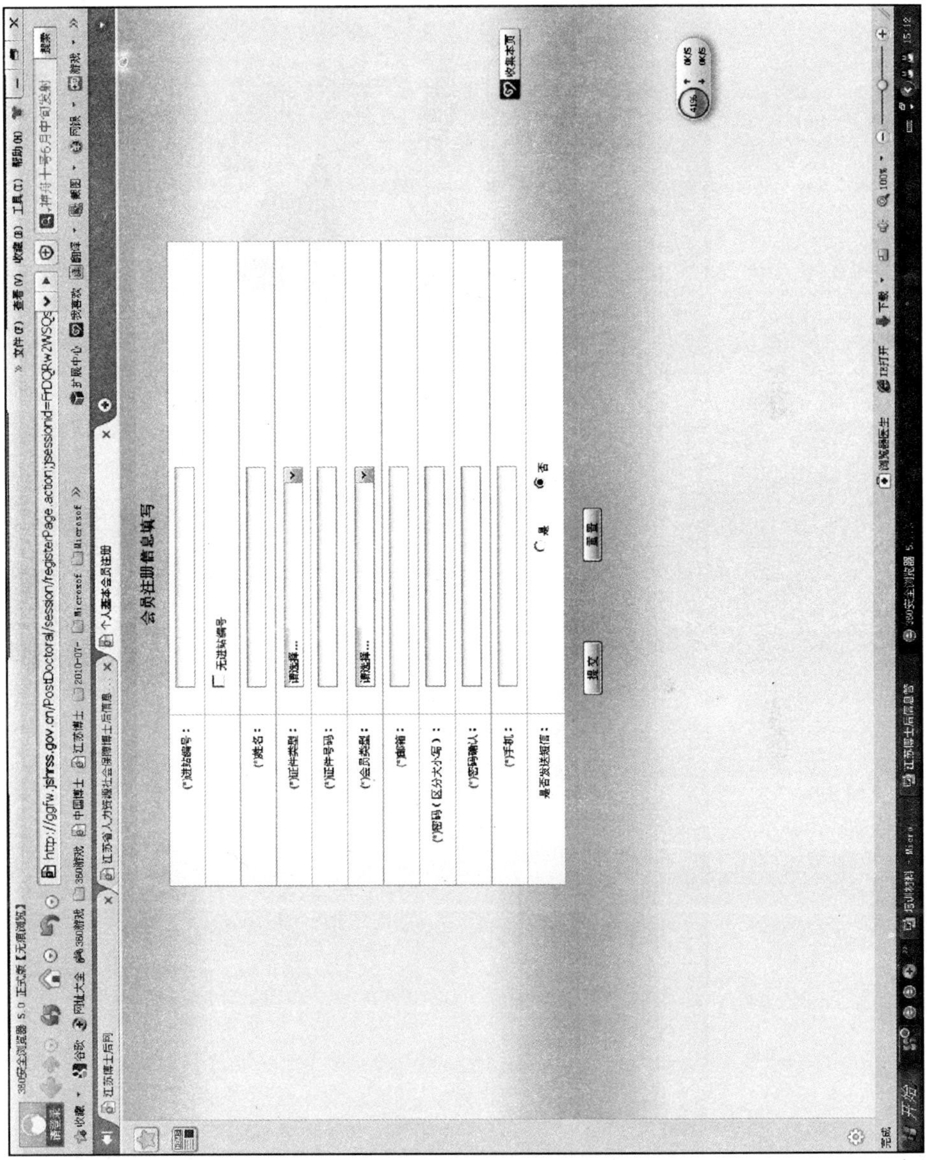
会员注册信息填写
(*)进站编号：
无进站编号
(*)姓名：
(*)证件类型：
请选择...
(*)证件号码：
(*)会员类型：
请选择...
(*)邮箱：
(*)密码（区分大小写）：
(*)密码确认：
(*)手机：
是否发送短信：
是
否
提交
重置

3. 填写基本信息

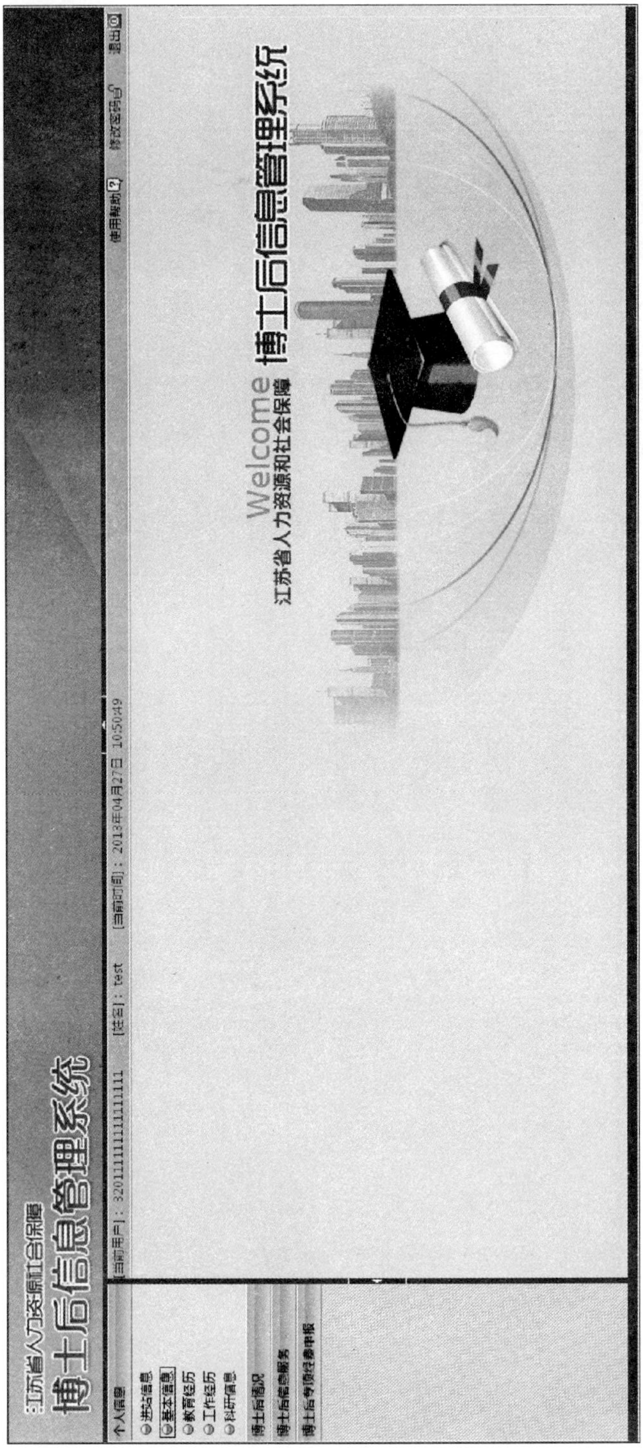
江苏省人力资源和社会保障
博士后信息管理系统
[当前用户]：320111111111111111 [姓名]：test [当前时间]：2013年04月27日 10:50:49
使用帮助
修改密码
退出
个人信息
进站信息
基本信息
教育经历
工作经历
科研信息
博士后情况
博士后信息服务
博士后专项经费申报
Welcome
江苏省人力资源和社会保障
博士后信息管理系统

4. 信息确认无误后提交，等待逐级审核通过后，登录博士后信息管理系统

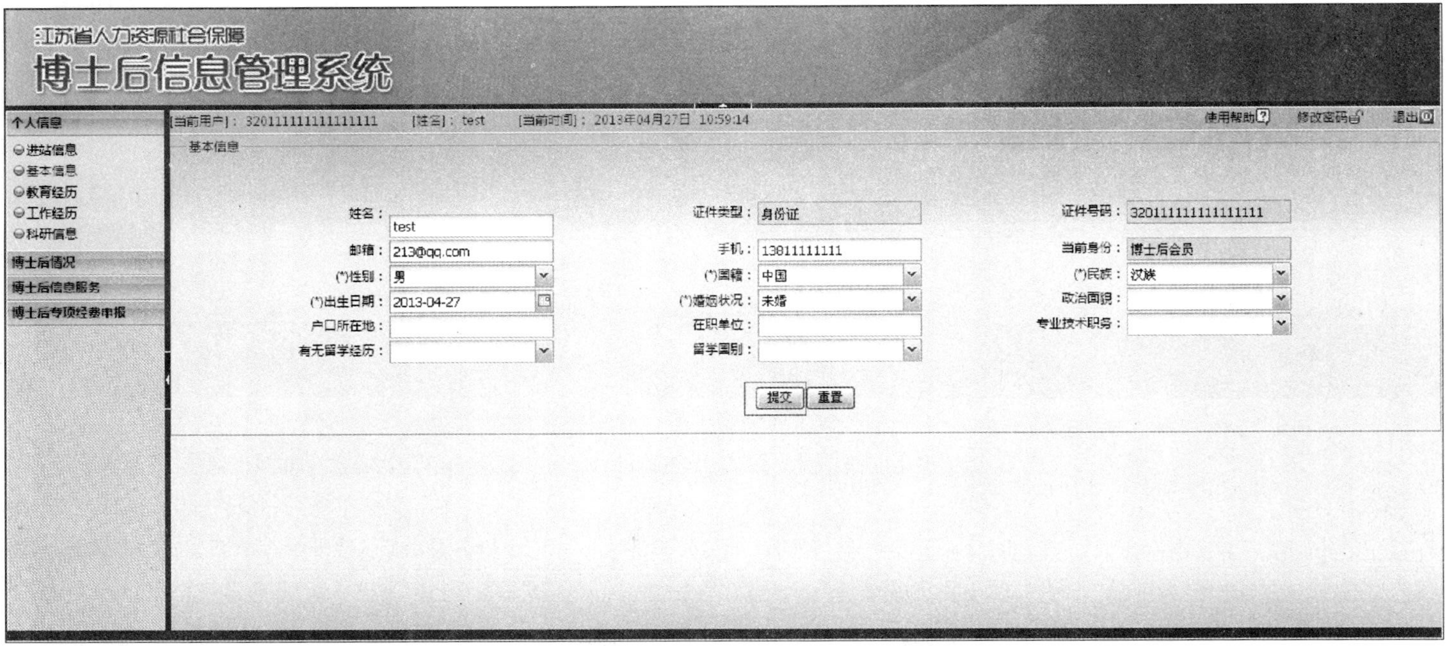

（二）网上填写申报内容

在填写资助申报表单时，博士后人员可以选择使用“在线填写”和“附件填写”两种方式中的一种。当申报材料以纯文字为主时，建议选用“在线填写”方式填写申报表；当申报材料中包含大量图片、公式、表格时，建议选用“附件填写”方式填写申报表。“附件填写”仅是“在线填写”方式的一种补充形式。

1. 登录系统，选择左侧博士后专项经费申报菜单下的科研资助申请，进入科研资助申请页面

2. 选择“新增申请”

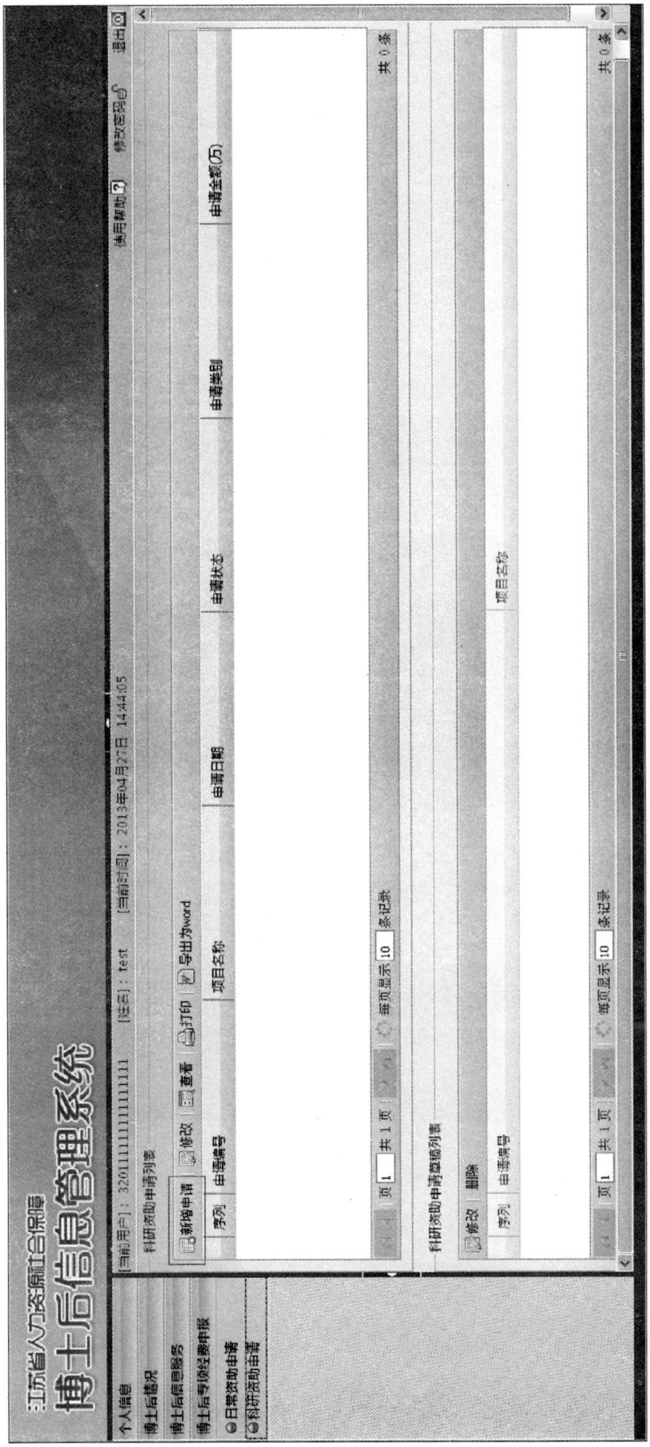
江苏省人力资源和社会保障厅
博士后信息管理系统
个人信息
博士后情况
博士后信息服务
博士后专项经费申报
日常资助申请
科研资助申请
科研资助申请列表
新增申请
修改
查看
打印
导出为word
序列
申请编号
项目名称
申请日期
申请状态
申请类别
申请金额(万)
科研资助申请草稿列表
删除
使用帮助
修改密码
退出

3. 进入申请界面

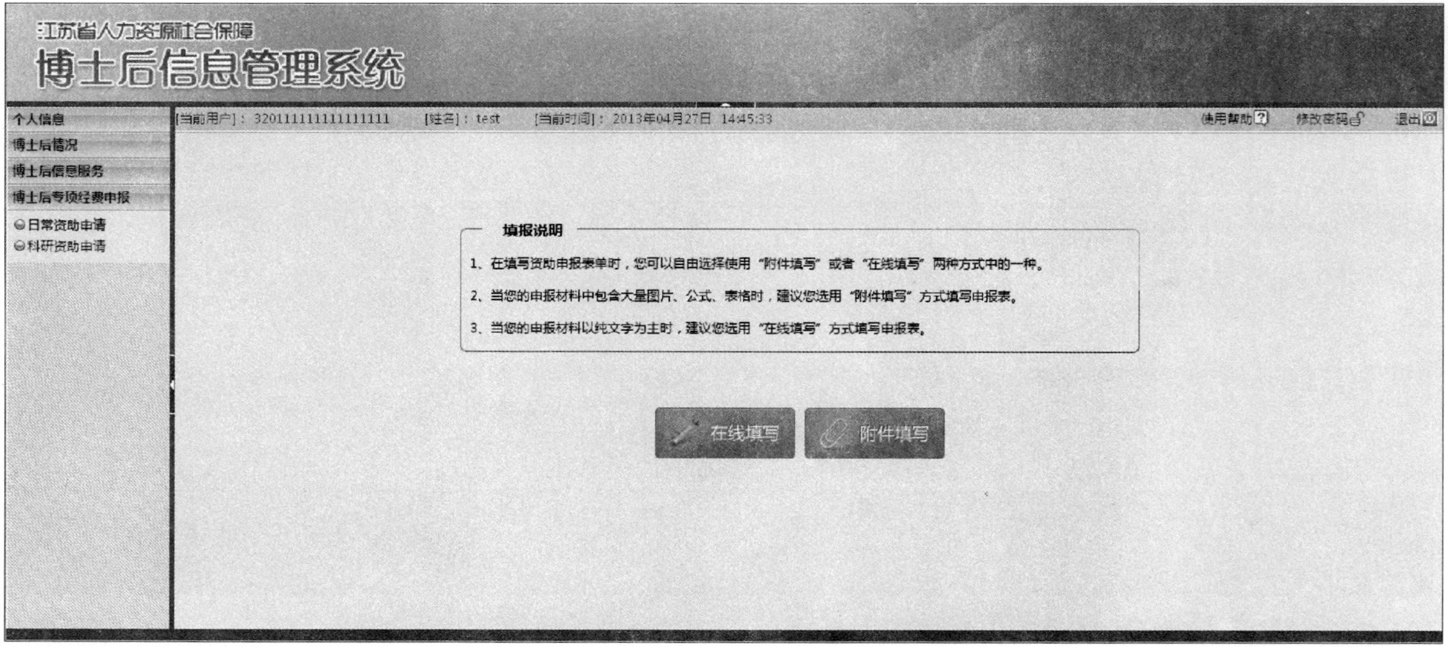
江苏省人力资源社会保障
博士后信息管理系统
个人信息
博士后情况
博士后信息服务
博士后专项经费申报
日常资助申请
科研资助申请
[当前用户]：320111111111111111 [姓名]：test [当前时间]：2013年04月27日 14:45:33
使用帮助
修改密码
退出
填报说明
1、在填写资助申报表单时，您可以自由选择使用“附件填写”或者“在线填写”两种方式中的一种。
2、当您的申报材料中包含大量图片、公式、表格时，建议您选用“附件填写”方式填写申报表。
3、当您的申报材料以纯文字为主时，建议您选用“在线填写”方式填写申报表。
在线填写
附件填写

4. 如选择在线填写，点击在线填写按钮，进入在线填写页面，阅读填表须知，确认无误后点击“下一步”，进入填表页面

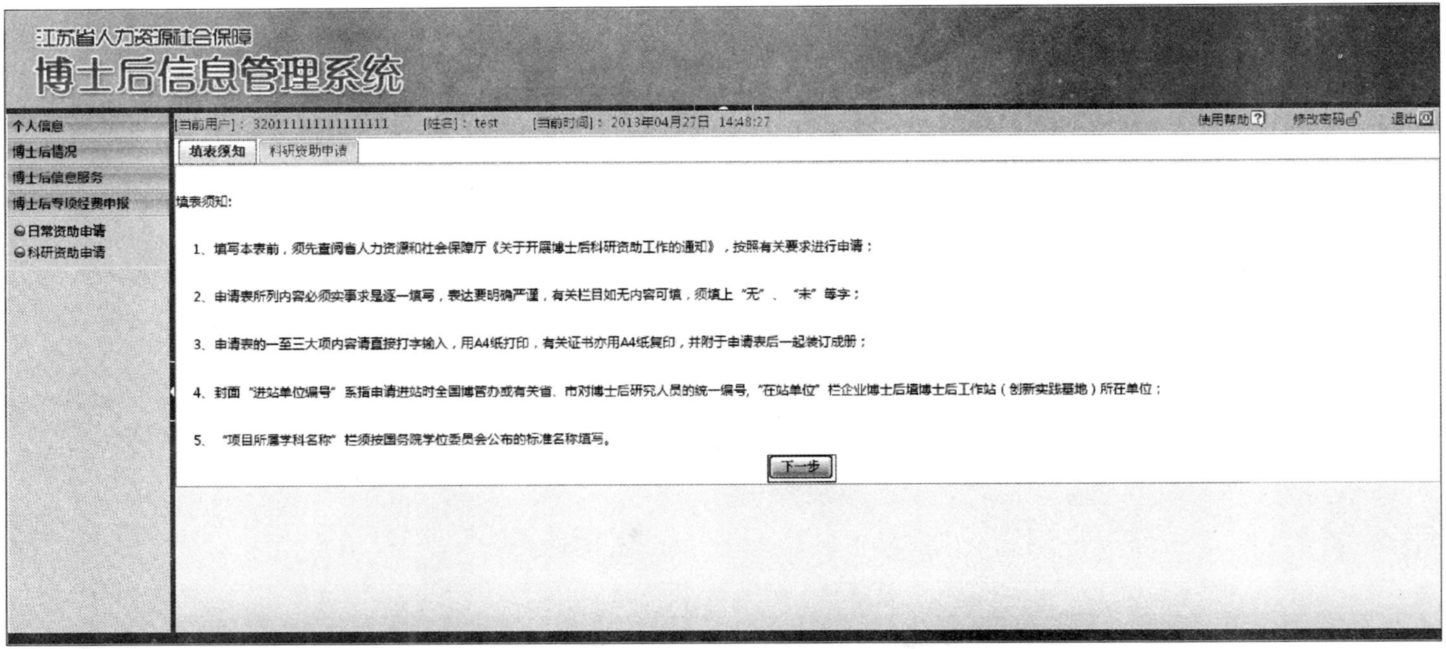

5. 填写完毕后进行提交

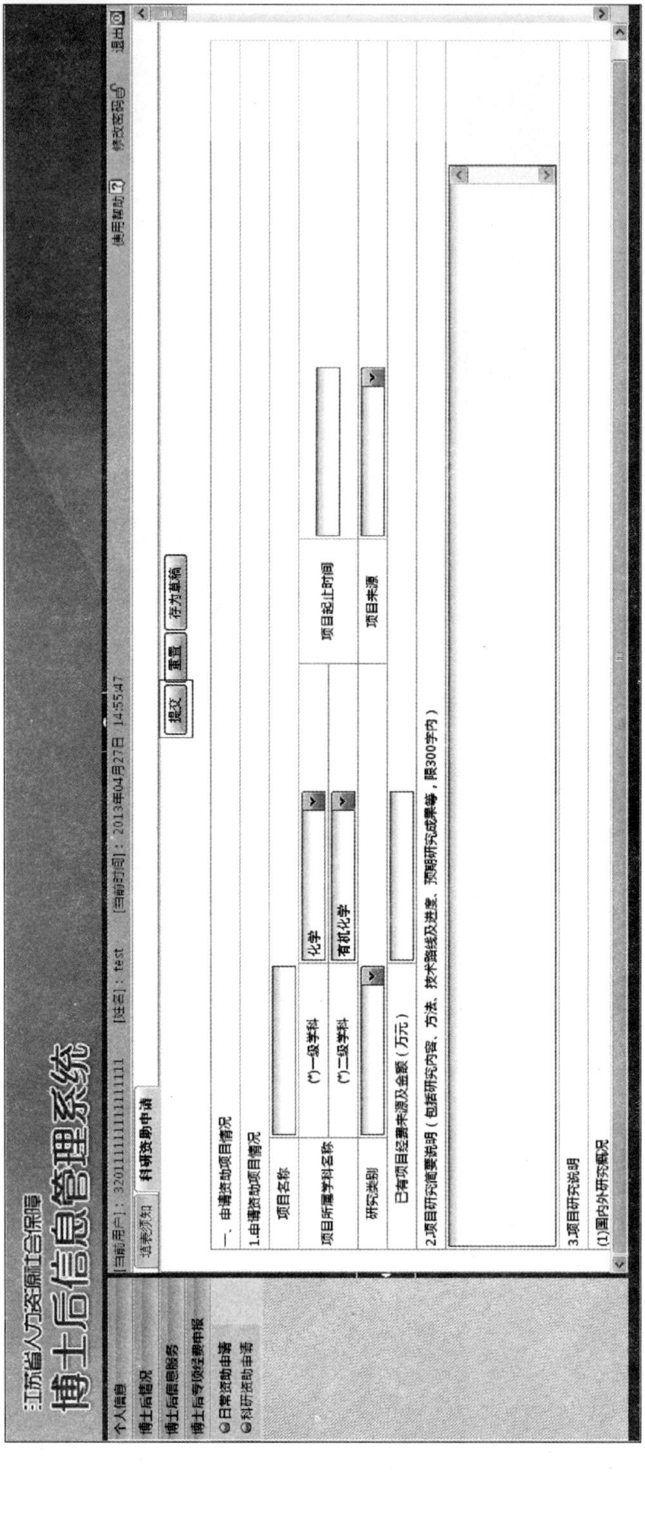
江苏省人力资源社会保障
博士后信息管理系统
[当前用户]：32011111111111111 [姓名]：test [当前时间]：2013年04月27日 14:55:47
使用帮助
修改密码
退出
个人信息
博士后情况
博士后信息服务
博士后专项经费申报
日常资助申请
科研资助申请
填表须知
科研资助申请
提交
重置
存为草稿
一、申请资助项目情况
1.申请资助项目情况
项目名称
项目所属学科名称
(*)一级学科
化学
(*)二级学科
有机化学
项目起止时间
研究类别
项目来源
已有项目经费来源及金额（万元）
2.项目研究简要说明（包括研究内容、方法、技术路线及进度、预期研究成果等，限300字内）
3.项目研究说明
(1)国内外研究概况

6. 如选择附件填写，点击附件填写按钮，进入附件填写页面，阅读填表须知。完成后点击下载申报表格中的“江苏省博士后科研资助计划申请表 .doc”

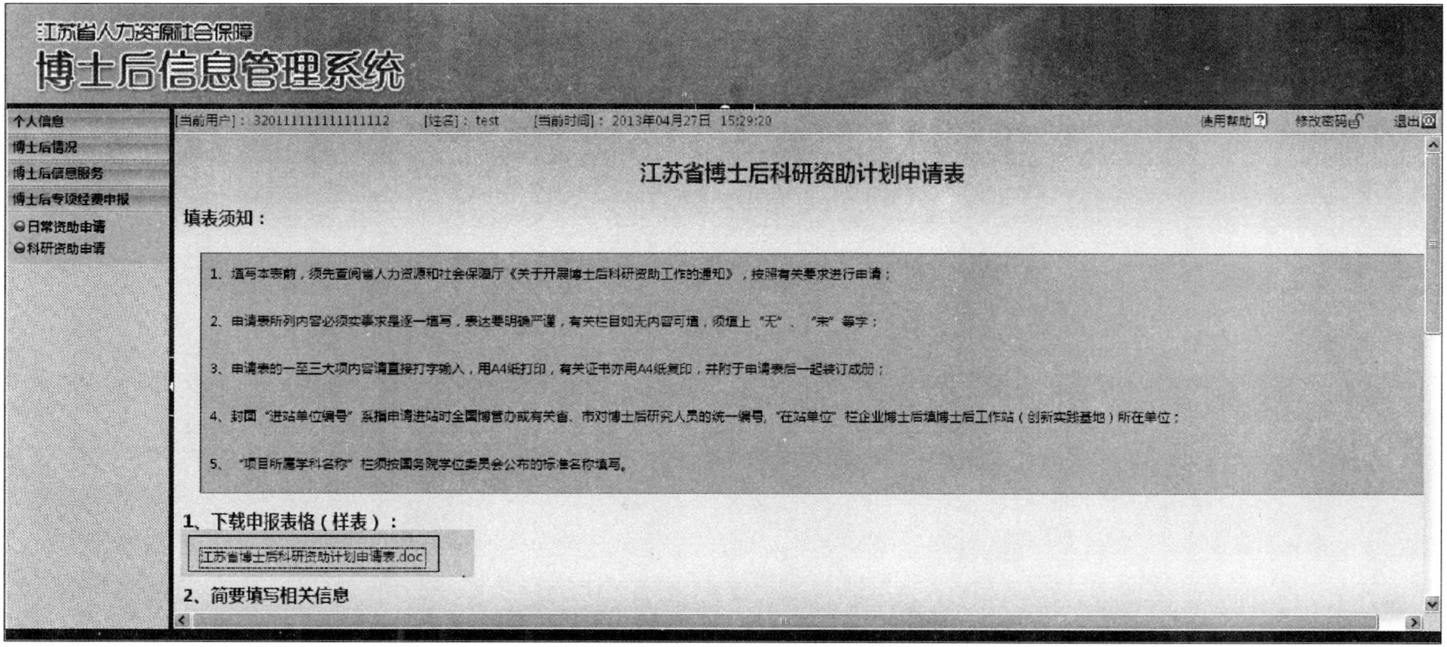

7. 填写简要的相关信息,打★为必填项,其他内容可以选择填写

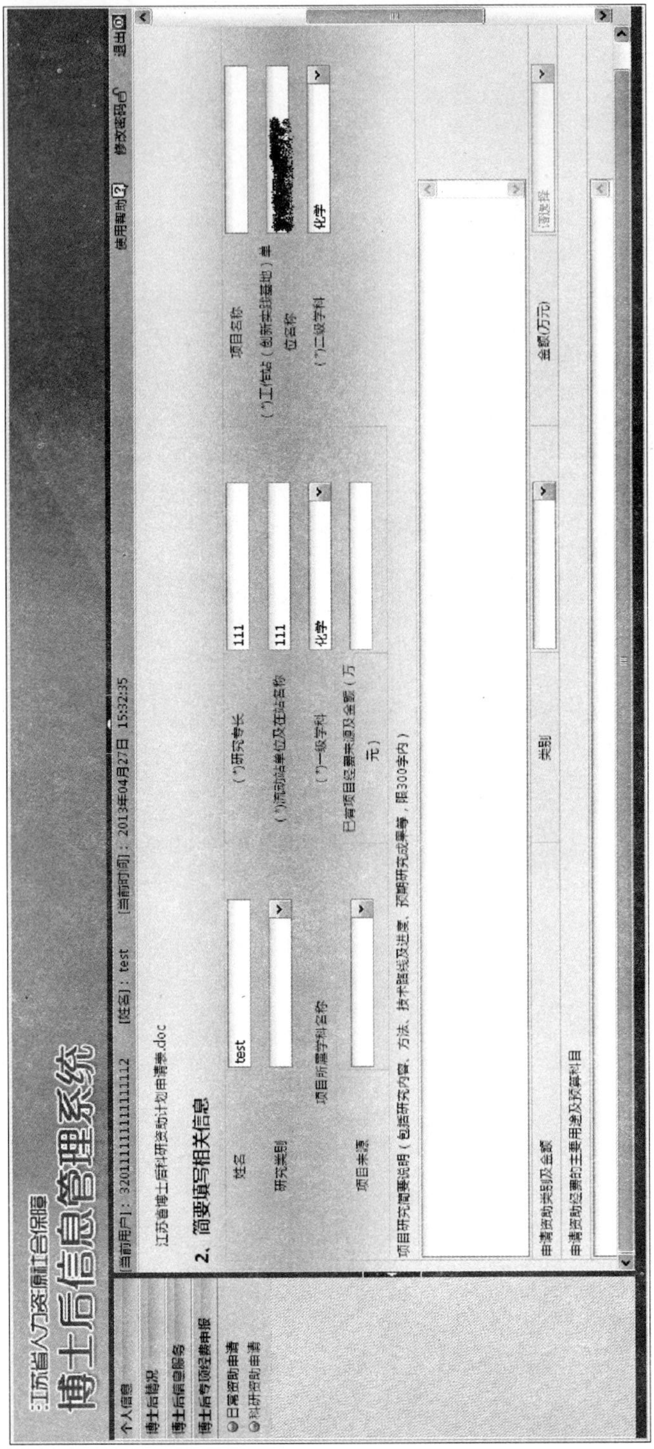

8. 填写完成下载表格后，点击页面“上传文件”按钮，在弹出窗口中选择文件，点击上传

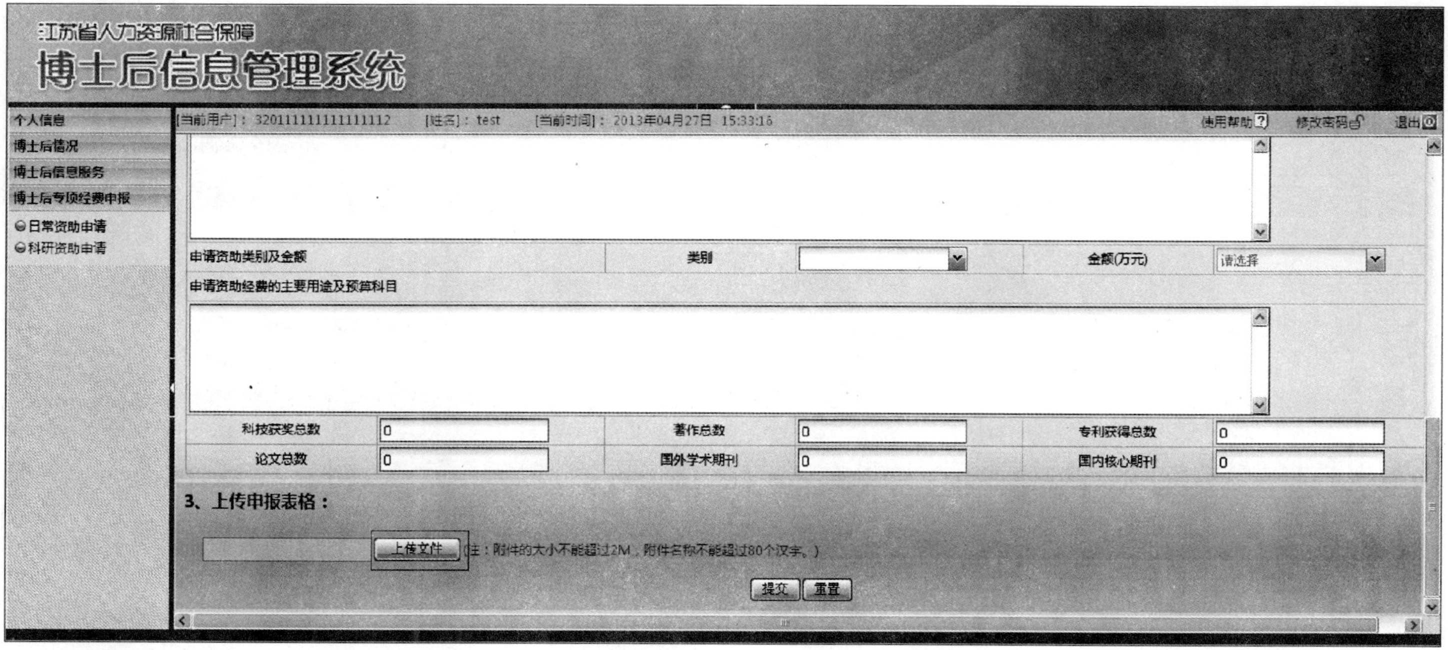

9. 信息确认无误后，点击“提交”按钮，完成资助申报，在列表页中可以查看资助申报审核状态

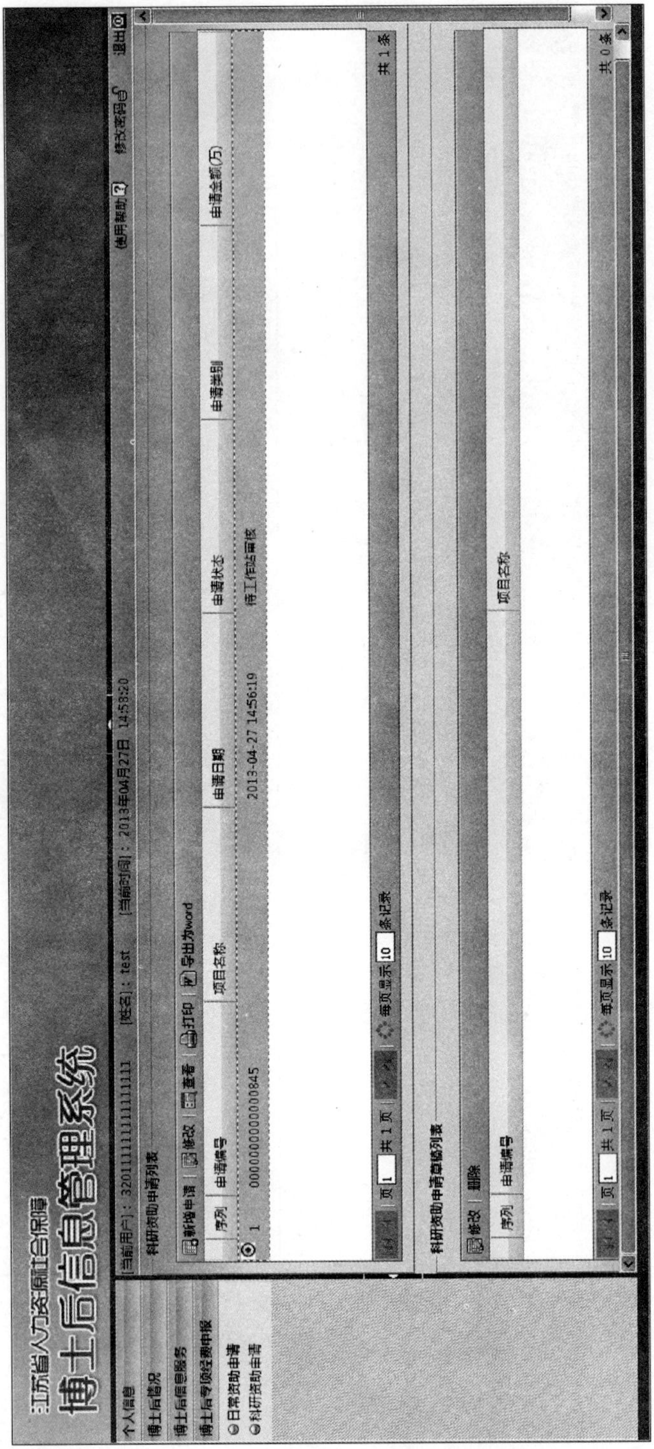

（三）在线打印纸质申请书一式二份，附推荐专家意见及相关附件材料，报送设站单位审核。

（四）注意事项

1. 每位博士后研究人员每站只能获得一次省科研资助；

2. 国家级工作站、省创新实践基地联合招收的企业博士后研究人员，省科研资助申报材料由企业所在地人社部门负责审核、报送；

3. 科研资助不受理涉密材料；

4. 申报材料的内容应当真实可靠，不得弄虚作假。

第三节　江苏省博士聚集计划

该资助计划由省委组织部、省科技厅、省人力资源和社会保障厅共同组织实施，在站博士后人员为资助对象之一。对于列入计划的博士后人员给予每人不低于 20 万元的资助（免交个人所得税），其中省级财政给予每人 15 万元资助，地方财政给予不低于 5 万元的配套资助。具体申报条件和有关要求，请关注每年组织申报“企业博士后聚集计划”的通知。

第二章　博士后国际化培养

第一节　国际交流计划派出项目

资助优秀在站博士后研究人员到国外（境外）一流高校、科研机构、企业的优势学科领域，合作开展博士后研究工作。

一、基本条件

资助人员应符合以下基本条件：

1. 在站博士后研究人员（含拟进站的博士毕业生，下同）。主要从国内“985”高校、中国科学院、中国社会科学院和全国优秀博士后科研流动站、工作站中产生。根据计划进展情况，逐步扩大选拔范围；

2. 年龄一般不超过 35 周岁；

3. 在站期间或在读博士期间取得突出的研究成果；

4. 具有良好的英语（或接收国语言）听、说、读、写能力；

5. 国外拟接收单位一般应为世界排名前 100 名的高校、国际知名研究机构或企业；

6. 专业领域。前期主要集中在基础研究和《国家中长期科学和技术发展规划纲要》和《国家中长期人才发展规划纲要》中的重点领域及其优先主题、重大专项、前沿技术领域，逐步扩大到人文和社会科学领域。

二、选拔方式

1. 按照“个人申请、单位推荐、专家评审、择优资助”的原则，由全国博管办统一组织选拔，每年一次。

（1）组织申报。全国博管办印发开展“博士后国际交流计划派出项目”申报工作的通知，组织申报。

（2）个人申请。符合条件的在站博士后研究人员，经所在单位和合作导师同意，自主联系国外高校、科研机构或企业，申请赴国外开展博士后研究工作，并取得正式邀请的人员可申请“博士后国际交流计划派出项目”资助。

（3）单位推荐。单位根据其学术技术水平、在站期间取得的科研成果限额推荐。

（4）择优资助。全国博管办组织专家评审，经人社部、全国博管会批准确定资助人选。

2. 根据国内“985”高校、中国科学院、中国社会科学院和全国优秀博士后科研流动站、工作站设站单位（或省市、部门）与国外高水平大学（国际知名研究机构或企业）签订博士后交流协议，符合博士后国际交流计划派出项目条件和要求的，可按照协议每年自主选拔产生一批资助人选，报全国博管办批准后，国家给予一定经费资助。以后视实施情况逐步扩大交流范围。

三、数量与期限

交流期限为两年，国家提供第一年的资助经费，第二年的资助经费由接收单位承担。如需延期，延长期的费用由接收单位承担。初期资助人员规模在每年 200 人左右，以后视情况和效果逐步扩大。

四、资助额度

国家资助派出人员第一年每人 30 万元人民币，其中包括工资、基本保险、住房费用和往返差旅费等。第二年及延长期的资助标准参照该标准执行。

五、考核管理

全国博管办为该计划主管机构，负责该计划的组织实施和考核管理工作，委托资助人员的派出单位负责资助人员的具体管理。

六、退出

对资助人员实行“签约派出、违约赔偿”的管理办法。如因故中途退出“博士后国际交流计划派出项目”资助项目的，需承担资助经费一定比例的违约赔偿金。

第二节　国际交流计划引进项目

资助一批外籍（境外）和留学博士来华（回国）从事博士后工作。

一、基本条件

资助人员应符合以下基本条件：

1. 年龄一般不超过 35 周岁；
2. 近一年内在国外（境外）世界排名前 100 名的高校获得博士学位；
3. 在读博士期间取得突出的研究成果；
4. 能够保证在华连续从事博士后研究工作不少于 20 个月；
5. 非英语国家的人员应具有良好的中文（或英文）听、说、读、写能力。

二、选拔方式

选拔方式分为两种：

1. 按照“个人申请、单位推荐、专家评审、择优资助”的原则，由全国博管办统一组织选拔，每年一次。

（1）组织申报。全国博管办发布开展“博士后国际交流计划引进项目”申报工作的通知，组织申报。

（2）个人申请。符合条件的人员，自主联系国内博士后科研流动站、工作站，申请进站从事博士后研究工作，经设站单位批准后可申请“博士后国际交流计划引进项目”资助。

（3）单位推荐。引进单位根据其学术技术水平、在读博士期间取得的成果限额推荐。

（4）择优资助。全国博管办组织评议，拟定资助人选报人社部、全国博管会批准。

2. 根据国内“985”高校、中国科学院、中国社会科学院和全国优秀博士后科研流动站、工作站设站单位（或省市、部门）与国外高水平大学（国际知名研究机构或企业）签订博士后交流协议，符合博士后国际交流计划引进项目条件和要求的，可按照协议每年自主选拔产生一批资助人选，报全国博管办批准后，国家给予一定经费资助。以后视实施情况逐步扩大交流范围。

三、数量与期限

资助期限为两年，如需延期，延长期的费用由接收单位承担。初期资助人员规模在每年200人左右，以后视情况和效果逐步扩大。

四、资助额度

资助引进人员每人每年30万元人民币，其中国家资助每人每年20万元人民币，接收单位资助每人每年10万元人民币，包括工资、基本保险、住房费用和往返差旅费等。延长期的资助标准参照以上标准执行。

五、考核管理

全国博管办为该计划主管机构，负责该计划的组织实施和考核管理工作，具体资助人员的管理参照国内博士后研究人员执行。在站期间公开发布的成果须注明博士后国际交流计划资助人员。

第三节　国际学术交流项目

资助优秀博士后研究人员赴国外（境外）开展学术交流活动。

一、基本条件

资助人员应符合以下基本条件：

1. 在站博士后研究人员；

2. 具有良好的外语水平，或已经在重要国际会议、国际刊物上用外语发表论文；

3. 拟参加的国际学术交流活动需为本领域内具有一定国际影响力和一定规模的国际学术交流活动，召集人为专业的行业协会，或者由专门的高校、科研院所发起的多边国际学术会议；

4. 已经向该次国际会议投稿、为论文的第一作者（或以其博士后合作导师为第一作者、博士后本人为第二作者），并已经收到会议的正式书面录用通知将在会议上宣读论文；

5. 拟参加的国际会议在其会议通知中注明将以带有国际书号的学术期刊或会议论文集形式发表申请者的论文全文。

二、人员数量

按照“个人申请、单位推荐、择优资助”的原则，每年资助两批博士后研究人员参加国际高水平学术交流活动，初期每年资助200~300人。

三、资助标准

国家资助每个学术交流活动3万元，含交通费、住宿费、会议费等。

第四节　香江学者计划

为有效结合内地与香港的人才资源和研究资源优势，共同促进国家科技和社会经济发展，自 2011 年起，全国博管办与香港学者协会共同实施内地与香港联合培养博士后研究人员计划（“香江学者计划”），每年选派一批博士后研究人员赴港开展博士后研究工作。

一、申报条件

1. 年龄一般在 35 岁以下；

2. 具有博士学位，身体健康，品学兼优；

3. 具备良好的英语能力；

4. 从事研究领域：初期主要范围为基础研究、生物医学、信息技术、农业、新能源、新材料、先进制造及部分社会科学领域，以后视情况逐步扩大；

5. 在所从事的学科领域内具备一定的学术成绩，表现出较强的科研潜力。

二、申报程序

申报工作遵循“个人申请、单位推荐”的原则。具体程序：

1. 京港学术交流中心在港征集参与“香江学者计划”（以下简称“计划”）的导师及项目并提供给中国博士后科学基金会，双方确认后分别在中国博士后网（www.chinapostdoctor.org.cn）和港方的“计划”专网（www.hkscholars.org）发布。

2. 符合条件的内地申请人向其所在博士后设站单位提出申请。

3. 接受申请的内地单位初审申报人资格及申请材料、填报推荐意见，并将申请材料报中国博士后科学基金会。

三、遴选工作

遴选工作遵循“专家评审、择优录取”的原则，具体程序：

1. 经人社部专业技术人员管理司（全国博管办）批准，组建以全国博管会专家组成员为主的“香江学者计划”专家评审组。

2. 中国博士后科学基金会负责对申请材料进行初审，并按学科进行分组，送“香江学者计划”专家评审组评审，确定初选人员名单。

3. 中国博士后科学基金会负责将初选人员名单通知京港学术交流中心，并通知初选人员与港方合作导师联系。

4. 京港学术交流中心负责组织港方导师和培养单位对候选人进行终审，并上报香港学者协会拟定“计划”终选人员名单；同时将结果函告中国博士后科学基金会。

5. 中国博士后科学基金会向全国博管办上报港方拟定的“计划”终选人员名单，经全国博管办审定通过后，由全国博管办发文通知香港学者协会和内地有关单位。

四、人员管理

1. “计划”获资助人员须在接到全国博管办下发的终选通知后 6 个月内赴港报到，逾期者视为自动放弃。

2. 内地派出单位（即推荐单位，下同）负责在“计划”获资助人员赴港前及结束研究工作时为其在内地办理博士后进出站手续并在其在港研究期间保管其户口和人事档案；承担转拨内地资助经费、签署协议、收缴和返还保证金及违约处理等工作。

3. 港方培养单位负责与“计划”获资助人员签署协议，依照协议对“计划”获资助人员进行管理和考核，并落实“计划”获资助人员在港经费、协助购买医疗保险等事宜。

4. 港方培养单位应按年度对“计划”获资助人员进行考核，将考核结果计入考核表（附 1）。对考核不合格或不能履行与港方培养单位所签协议的人员，港方培养单位需向京港学术交流中心提交撤销其“计划”资助资格的报告，京港学术交流中心确认后函告中国博士后科学基金会，中国博士后科学基金会据此向内地派出单位下发撤销其“计划”资助资格的通知，并在其回内地后按照退站人员为其办理相关手续。

5. “计划”获资助人员结束研究工作须撰写项目研究报告。在其结束研究工作后，港方培养单位需将其考核表和项目研究报告一并提交给内地派出单位。

6. 港方培养单位在“计划”获资助人员研究工作结束时，为其出具研究工作结束的证明。“计划”获资助人员须持该证明在 2 个月内回内地派出单位办理相关手续。

7. “计划”获资助人员须在研究工作结束后回内地工作 2 年。

8. 如因项目所需，“计划”获资助人员需要延长研究时间，港方培养单位需向京港学术交流中心和中国博士后科学基金会备案，中国博士后科学基金会通知内地派出单位。延期时间不能超过一年。

9. “计划”获资助人员在港研究期间一般不得变更研究机构和合作导师。有特殊原因需要变更的，必须征得京港学术交流中心书面同意，由京港学术交流中心函告中国博士后科学基金会，中国博士后科学基金会通知内地派出单位。

10. “计划”获资助人员在港研究期间的科研成果应作为内地工作单位专业技术职务聘任的依据。

五、资助经费

1. 港方按月支付“计划”获资助人员的经费，每人 24 个月 30 万港币。

2. 内地支付“计划”获资助人员的经费，每人 24 个月 30 万元人民币，由全国博管办和中国博士后科学基金会一次性拨付内地派出单位。其中，20 万元用于“计划”获资助人员的生活开支、住房补助、医疗保险，由内地派出单位支付给“计划”获资助人员；10 万元用于“计划”获资助人员的科研补助及往返旅费，由“计划”获资助人员按照“中国博士后科学基金资助条例”和派出单位财务管理的有关规定支取。

3. “计划”获资助人员如有配偶和子女陪伴，其安置及相关费用自行解决。

4. “计划”延期费用按每人每年 30 万港币的标准全额由港方提供。

六、违约追偿

1. “计划”获资助人员实行“协议派出，违约追偿”的管理办法。

2. “计划”获资助人员赴港前应与内地派出单位和港方培养单位分别签订协议书，并向内地派出单位交纳保证金。

3.“计划”获资助人员未在研究工作结束后2个月内返回内地派出单位或未在内地工作2年视为违约，须按照与派出单位签订的协议向派出单位交纳违约金。

4.“计划”获资助人员与港方培养单位之间的违约责任由港方按照有关协议追究。

七、成果管理

1.“计划”获资助人员在港从事项目研究形成的知识产权的归属、使用和转移按照港方培养单位与“计划”获资助人员签订的协议执行。

2.“计划”获资助人员在发表与获得资助有关的论文、科研成果、研究项目时，港方培养单位应作为第一单位；并需注明“本研究（成果、论文）由‘香江学者计划资助’”。

第四篇　博士后平台建设与评估

第一章　博士后平台建设

第一节　博士后科研流动站建设

高等院校和科研院所申请设立流动站,应当具备以下基本条件:

1. 具有相应学科的博士学位授予权,并已培养出一届以上的博士毕业生;

2. 具有一定数量的博士生指导教师;

3. 具有较强的科研实力和较高的学术水平,承担国家重大研究项目,科研工作处于国内前列,博士后研究项目具有理论或技术创新性;

4. 具有必需的科研条件和科研经费,并能为博士后人员提供必要的生活条件。

具有博士学位一级学科授予权、建有国家重点实验室的学科和国家重点学科可优先设立流动站。

第二节　博士后科研工作站建设

各类企业、从事科学研究和技术开发的事业单位、省级以上高新技术开发区、经济技术开发区和留学人员创业园区申请设立工作站,应当具备以下基本条件:

1. 具备独立法人资格,经营或运行状况良好;

2. 具有一定规模,并具有专门的研究与开发机构;

3. 拥有高水平的研究队伍,具有创新理论和创新技术的博士后科研项目;

4. 能为博士后人员提供较好的科研条件和必要的生活条件。

建有省级以上研发和技术中心,承担国家重大项目的单位可优先设立工作站。

流动站和工作站的设立,由拟设站单位提出申请,各省、自治区、直辖市人社部门或国务院有关部委及直属机构人社部门审核汇总后报人社部。经专家评审委员会评审,由人社部(全国博士后管理委员会)审核批准。流动站、工作站增设工作,一般每两年开展一次。(流动站与工作站设站工作隔年交替进行)

第三节　江苏省博士后创新实践基地建设

企业、研发型事业单位和市以上高新技术开发区等区域性单位未设立工作站的，可申请设立创新基地，并应当具备以下基本条件：

1. 具备独立法人资格，有较强的经济实力和较好的经济效益，最近两年连续盈利。其中，研发型单位的上一年度末净资产值应当不低于800万元，产业型单位的上一年度末净资产值应当不低于2 000万元。

2. 具有专门的研究与开发机构。研发机构应具备必要的检测、分析、测试手段和实验设备，且设备原值不低于500万元，已取得2项以上具有自主知识产权的科技成果。

3. 拥有较高水平的研究开发团队，能提出理论创新、技术领先的博士后科研项目。专职研发人员数量应在10人以上。

4. 能为博士后人员提供较好的科研条件和必要的生活条件。

建有省级以上工程（技术）研究中心、重点实验室、企业技术中心等研发载体，承担国家或省重大项目的单位可优先设立创新基地。

创新基地增设工作一般每年审批一次；申请增设基地分站的材料常年受理，一般每半年审批一次。由拟设基地（基地分站）单位提出申请，市人社局组织考察和初评审核后上报省人社厅，省人社厅组织专家评议后审定批准。

第二章　博士后平台评估

加强博士后工作评估对于我国博士后事业的健康发展具有重要的作用。通过评估来检查、引导和监督设站单位的博士后管理工作，是改革完善博士后管理制度，提高博士后培养质量的重要手段。

1. 评估对象

由人社部、全国博管会批准设立的流动站和工作站。

2. 评估目的和基本原则

流动站、工作站评估旨在加强流动站、工作站建设，建立竞争机制，优胜劣汰，以评促进，提高博士后研究人员工作质量，推动博士后事业健康发展。

评估工作遵循“客观、公正、科学、简便”的原则，依照规范的标准、程序、方法进行考核和评价。

3. 评估方式

按照评估范围，评估工作分为综合评估和新设站评估两类，根据流动站、工作站的不同特点，专业和行业的不同特征实行分类评估。

综合评估每 5 年组织一次，评估对象为所有设立 3 年以上（含 3 年）的流动站、工作站；新设站评估每年组织开展一次，评估对象为设站时间满 3 年新近设立的流动站、工作站。综合评估和新设站评估可以视实际需要合并开展。

4. 评估内容

综合评估主要考察流动站、工作站建设情况、博士后研究人员招收情况、科研情况、科研成果、人才培养情况等。

新设站评估侧重考察流动站、工作站博士后工作的制度建设、工作环境以及博士后研究人员招收和科研工作情况。

5. 评估程序

评估工作分 4 个步骤进行：工作准备、数据采集与自查、数据汇总与核查、数据统计与评定。

6. 评估结果处理

综合评估结果分为优秀、良好、合格、不合格 4 个等级。新设站评估结果分为合格、不合格 2 个等级。

全国博士后管理部门对管理工作优秀的流动站和工作站进行表彰，对管理不善、评估不合格、不具备设站条件的流动站和工作站视情况给予警告、责令限期整改直至撤销设站资格，并向社会公布。

撤销的流动站和工作站 3 年后方可重新申请设立。

附录：博士后样表及示例

附录 1：博士后进站表格

博士后申请表

近身免冠 一寸照片

博士后姓名	
全国博管办编号	

一、申请做博士后情况

<table>
<tr><td>流动站设站单位
（非设站单位）</td><td colspan="5"></td></tr>
<tr><td>流动站（一级学科）</td><td colspan="5"></td></tr>
<tr><td>专业（二级学科）</td><td colspan="5"></td></tr>
<tr><td rowspan="3">研究计划题目</td><td colspan="5"></td></tr>
<tr><td colspan="5"></td></tr>
<tr><td colspan="5"></td></tr>
<tr><td>招收类型</td><td></td><td>合作导师</td><td></td><td>进站日期</td><td></td></tr>
</table>

二、申请人基本情况

<table>
<tr><td>性别</td><td></td><td>国籍</td><td></td><td>民族</td><td></td></tr>
<tr><td>出生日期</td><td colspan="3"></td><td>出生地</td><td></td></tr>
<tr><td>婚姻状况</td><td></td><td>证件名称</td><td></td><td>证件号码</td><td></td></tr>
<tr><td>户口簿首页地址</td><td colspan="3"></td><td>所属派出所</td><td></td></tr>
<tr><td>现居住地详址或单位</td><td colspan="5"></td></tr>
<tr><td>户口迁否</td><td colspan="3"></td><td>拟落户省市</td><td></td></tr>
<tr><td>专业技术职务</td><td colspan="3"></td><td>留学博士出国前是否注销户口</td><td></td></tr>
<tr><td>在职单位</td><td colspan="3"></td><td>联系电话</td><td></td></tr>
<tr><td>通信地址（含邮编）</td><td colspan="5"></td></tr>
</table>

三、申请人获得博士学位单位、学科、专业

<table>
<tr><td>博士毕业单位</td><td colspan="3"></td></tr>
<tr><td>获博士学位国别</td><td></td><td>博士学位论文答辩通过时间</td><td></td></tr>
<tr><td>博士学位证
书签发时间</td><td></td><td>学　科
（一级学科）</td><td></td></tr>
<tr><td>专业（二级学科）</td><td colspan="3"></td></tr>
</table>

四、申请人配偶、子女的基本情况

a. 配偶

姓名		出生年月日		民族	
证件名称		证件号码			
借调城市及单位					
是否跟随流动		联系电话			

b. 子女

姓　名	性　别	出生年月日	上学情况

五、申请人学习经历

起止时间	所在单位	所获学位
至		
至		
至		
至		
至		

六、申请人工作经历

起止时间	所在单位	工作职位
至		
至		
至		
至		

七、申请人博士学位论文情况

博士学位论文题目	
博士论文指导教师姓名	
博士学位论文内容摘要（不超过 200 个汉字）：	

八、申请人博士期间科研情况

a. 学术刊物或会议上发表的有代表性的论文和专著（包括已被录用、待发表的）

论文题目					
论文发表的学术刊物或会议名称					
期刊类型		期刊号		发表时间	
会议类型		收录情况		检索号	

论著名称		是否已出版	
出版社		出版日期	
独著或合著		合著作者排名	

b. 科研成果、奖励和荣誉称号

（不超过 10 项，200 字）

c. 参与或主持的项目

研究项目名称					
下达部门		项目性质		批准时间	
项目进展		项目经费		承担责任	

d. 专利情况

专利名称					
受理（授权）时间		受理编号		授权编号	
专利类型		排名		专利批准国	
专利简介（不超过 150 个汉字）					

九、申请人签字

本人已认真审阅此申请表所填内容，并保证所填内容真实可靠。对因虚报、伪造等行为引起的后果及法律责任均由本人承担。 申请人 ______________ 申请日期 _____ 年 ___ 月 ___ 日

专家推荐信 LETTER OF RECOMMENDATION

致申请人 (To the Applicant)

申请人必须向申请做博士后的单位提交两份《专家推荐信》。申请人在下栏中填好自己姓名和所申请的单位名称后，将此表分送两位了解和熟悉自己的专家（其中一位最好是申请人的博士生指导教师）。为方便专家填写推荐意见后将其退回申请人，请申请人在下面的栏目中详细写明自己的通信地址。

Applicant should have two letters or recommendation submitted from professors or others who can assess the quality of his/her academic performance, capability and potential of research.Please ask to have these letters sent directly to the institution to which you are applying or returned to you with the envelope sealed.

（以下栏目由申请人填写 *This section to be filled in by the applicant*)

申请人姓名 申请人电话

(Name of Applicant) *(Telephone Number)*

申请人通信地址：

(Institution of Applicant)

(Address of Applicant)

申请做博士后的单位

(Institution to Which the Applicant Is Applying)

(Address of the Institution)

致推荐人 *To the Referee*

非常感谢您愿意为申请人做推荐人。请您在背面栏中对申请人以往科研工作及其学术水平、科研工作能力等作出评价,并按上面的地址将本《专家推荐信》退回给申请人。

You are named by the applicant as a referee for his/her application of postdoctoral position in the above listed institution. We would appreciate your opinion of his/her academic performance capability and potential in research work. Please directly send this form to institution to which he/she is applying or return it to the applicant with the envelope sealed. If you prefer to write a personal letter rather than this form, please feel free to do so and attach this form to you letter.

(以下栏目由推荐人填写) *(The following to be filled in by the referee)*

推荐人姓名

(Name of Referee)

推荐人职务或职称

(Position and Title)

推荐人工作单位

(Institution and Address)

推荐人与申请人的关系

(Relationship with the Applicant)

推荐人电话 推荐人传真

(Telephone Number) *(Facsimile)*

推荐意见 *(Recommendation)*:

推荐人签字 ____________ 推荐日期 ____________

(Signature) *(Date)*

博士后研究人员进站审核表

申请人

一、申请人当前身份	□ 统招统分 □ 定向委培 □ 在职人员 □ 现役军人 □ 无人事（劳动）关系人员 □ 转业（复员）军人 □ 其他

1. 统招统分博士毕业生身份证明（由博士毕业院校的学生毕业派遣部门或就业指导中心填写）：
该同志为统招统分博士：□ 是

负责人签字（公章）： 年 月 日

2. 定向委培博士毕业生、在职人员、现役军人、转业（复员）军人所属单位意见（由人事或干部部门填写）：
同意脱产做博士后： □是
解除人事（劳动）关系： □同意 □不同意

负责人签字（公章）： 年 月 日

如所属单位无独立人事权限，需由人才服务机构出具意见：
申请人为 ____________ 单位委托存档且存在人事（劳动）关系。

承办人签字（公章）： 年 月 日

3. 无人事（劳动）关系人员档案存放证明（按照档案存档情况选择①或②填写并加盖公章）：
① 人才服务机构填写：
申请人为个人委托存档且与任何单位不存在人事（劳动）关系： □是

承办人签字（公章）： 年 月 日

② 档案暂存单位填写：
申请人与我单位已解除人事（劳动）关系，档案暂存于我单位： □是

负责人签字（公章）： 年 月 日

如档案暂存单位无独立人事权限，还需由人才服务机构出具意见：
申请人为 ____________ 单位委托存档，已与该单位解除人事（劳动）关系。

承办人签字（公章）： 年 月 日

续上表

二、招收类型	□ 流动站招收　　□ 工作站联合招收　　□ 工作站单独招收 □ 留学回国　　□ 国际交流计划招收(含香江学者计划)　　□ 其他

设站单位博士后工作主管部门的审核意见(流动站、工作站联合招收类型的须流动站设站单位、工作站设站单位分别签字盖章,其他招收类型的单独签字盖章)

《博士后申请表》等纸质材料与网上填报内容一致且无涉密内容:□ 是

同意招收:□ 是

流动站设站(或非设站)单位博士后工作主管部门　负责人签字

(公章)

年　月　日

工作站设站(或非设站)单位博士后工作主管部门　负责人签字

(公章)

年　月　日

三、全国博管办或省(自治区、直辖市)博士后工作管理部门核查情况:

《博士后申请表》等纸质材料与网上填报内容一致:□ 是

审核机构名称:　　(公章)

承办人签字:

年　月　日

说明:一、用章单位需保证所填内容的真实和准确并承担相应法律责任。

二、设站单位博士后工作管理部门应将此表存入博士后人员个人人事档案,或转由博士后人员所在单位人事(干部)部门存档。

博士后科研流动站设站单位学术部门考核意见表

博士后姓名

对申请人学术水平、科研能力等方面的考核意见：
对申请人提出的研究计划的评价（如可行性、先进性、创新之处、理论和实用意义）：
综合意见（是否同意招收）： 学术机构名称　　　　负责人签字　　　　年　　月　　日

附录 2：博士后出站表格

博士后研究人员工作期满登记表

博士后姓名	
全国博管办编号	

近身免冠
一寸照片

一、博士后研究人员基本情况

流动站设站单位			
流动站（一级学科）		专业技术职务	
户口簿首页地址			
现户口所在地区		所属派出所	
证件名称		证件号码	
联系电话		E-mail	
通信地址（含邮编）			

二、出站信息

出站工作单位			
出站单位地址			
出站工作省市		所属派出所	
出站工作单位类型		出站去向	

三、博士后研究人员配偶和子女基本情况

a. 配偶

姓名	民族		出生年月日	
证件名称		证件号码		
户口簿首页地址				
现户口所在城市		所属派出所		
学习或工作城市		单位名称		
是否为现役军人		是否为统招统分在校学生		

b. 子女

姓名	性别	出生年月日	身份证号	户口簿首页地址

四、博士后研究工作期间科研情况

a. 主持或参与研究项目

研究项目名称					
下达部门		项目性质		批准时间	
项目进展		项目经费		承担责任	

b. 申获基金资助情况

申获基金名称					
申请时间		申请编号		批准时间	
基金名称		基金级别			

c. 专利

专利名称					
受理(授权)时间		受理编号		授权编号	
专利类型		排名		专利批准国	
专利简介(不超过 150 个汉字)					

d. 博士后研究报告摘要

(不超过 200 个汉字)

e. 发表论文和论著

论文题目					
论文发表的学术刊物或会议名称					
期刊类型		期刊号		发表时间	
会议类型		收录情况		检索号	

f. 在站期间科研成果获科技奖励情况

项目名称	奖励名称	获奖时间	获奖类型	等级	排名

五、申请人签字

本人已认真审阅此申请表所填内容，并保证所填内容真实可靠。对因虚报、伪造等行为引起的后果及法律责任均由本人承担。

申请人 ______________ 申请日期 _____ 年 ___ 月 ___ 日

博士后研究人员工作期满业务考核表

博士后姓名

学术部门（研究项目指导小组）对博士后研究人员研究工作的评价：   负责人签字： 年　　月　　日

注：工作站联合招收博士后，需由博士后工作站单位和博士后流动站单位分别填写此表。

博士后研究人员工作期满审批表

博士后姓名

一、流动站审核意见： 《博士后研究人员工作期满登记表》内容属实且无涉密内容：□ 是 《博士后研究报告》已交：□ 是 同意出站：□ 是 负责人签字：（公章） 年 月 日
二、设站单位（或非设站单位）博士后工作主管部门的审核意见（流动站、工作站联合招收类型由工作站填写并分别签字盖章，其他招收类型的单独签字盖章）： 已核实博士后人员“三证”原件：□ 是 该同志与任何单位不存在劳动人事关系，可办理分配工作手续：□ 是 《博士后研究人员工作期满登记表》等纸质材料与网上填报内容一致：□ 是 同意出站：□ 是 流动站设站（或非设站）单位博士后工作主管部门 负责人签字：（公章） 年 月 日 工作站设站（或非设站）单位博士后工作主管部门 负责人签字：（公章） 年 月 日
三、全国博士后管委会办公室或省市博士后工作管理部门审核备案： 《博士后研究人员工作期满登记表》等纸质材料与网上填报内容一致：□ 是 承办人签字：（公章） 年 月 日

说明：设站单位博士后工作管理部门应将此表存入博士后人员个人人事档案，或转由博士后人员所在单位人事（干部）部门存档。

江苏省博士后科研资助计划项目经费决算表

项目编号：

<table>
<tr><td rowspan="2" colspan="2">姓　名</td><td rowspan="2"></td><td rowspan="2">在站单位</td><td>流动站</td><td colspan="3"></td></tr>
<tr><td>工作站</td><td colspan="3"></td></tr>
<tr><td colspan="2">在站时间</td><td></td><td>编号</td><td></td><td>联系电话</td><td colspan="2"></td></tr>
<tr><td colspan="2">项目名称</td><td colspan="6"></td></tr>
<tr><td colspan="2">项目起止日期</td><td colspan="3"></td><td>资助类别及金额</td><td colspan="2">类别　万元</td></tr>
<tr><td rowspan="2" colspan="2">匹配经费（万元）</td><td colspan="2">设站单位</td><td colspan="4">市县人事局</td></tr>
<tr><td colspan="2"></td><td colspan="4"></td></tr>
<tr><td rowspan="3" colspan="2">其他经费</td><td colspan="2">拨款单位</td><td colspan="4">金额（万元）</td></tr>
<tr><td colspan="2"></td><td colspan="4"></td></tr>
<tr><td colspan="2"></td><td colspan="4"></td></tr>
<tr><td rowspan="2">省博士后科研资助计划项目经费支出情况</td><td colspan="7"></td></tr>
<tr><td colspan="2">支出经费总额（万元）</td><td></td><td colspan="2">结余金额（万元）</td><td colspan="2"></td></tr>
<tr><td colspan="8">用省资助经费购置资产处理情况：</td></tr>
</table>

受资助者签名　　　　　　　设站单位博士后工作管理部门（盖章）

年　月　日　　　　　　　　年　月　日

江苏省博士后科研资助计划
项目总结报告

姓　　名：________________

进站编号：________________

单位名称：________________

项目编号：________________

项目名称：________________

江苏省人力资源和社会保障厅制

二零　　年　　月

填 表 须 知

1. 本总结报告封面上的“单位名称”为所进设站单位名称,企业博士后填博士后科研工作站或博士后技术创新中心设立单位名称;

2. 封面上的“进站编号”系指申请进站时,全国博士后管委会办公室对博士后研究人员的统一编号;

3. 填表必须实事求是、认真翔实,如有的栏目无内容可填,请写上“无”、“未”等字;

4. 本表请用A4纸打印;

5. 本表在博士后研究人员出站时与出站材料一并交省人事厅,各工作站及创新中心设立单位的材料由所属人事局审核后交省人事厅。

一、数据表

受资助者姓名		在站单位	流动站	
			工作站	
在站时间	年　月—　年　月		进站编号	

资助项目情况					
	项目名称				
	项目编号		所属学科	名称	
				代码	
	计划起止 年　月	年　月—　年　月		实际完成 年　月	年　月
	批准资助金额	实际支出金额		结　余	
	万元	万元		万元	

设站单位匹配金额	市县人事局匹配金额	其他经费
万元	万元	万元

完成论著（篇）	发表论著数（含审稿通过数）											待发表数
	合计	国际会议			全国会议		刊物发表				专著（部）	
		特邀报告	大会报告	分组报告	特邀报告	大会报告	全国性科技刊物	国外学术刊物	SCI			
									EI			
									ISIP			

研究成果（项）	成　果		获专利			产生经济效益		推广应用	
	已评议、鉴定	待评议、鉴定	国内	国外	申请待批	已产生	预期	已推广应用	拟推广应用

获奖（项）	合计	国家级				省部（委）级		其他
		自然科学奖	科技进步奖	发明奖	其他	科技进步奖	其他	

人才培养	合计（人）	中级职称（人）	高级职称（人）	博士生（人）	硕士生（人）

研究成果简介（限500字，包括成果主要内容、水平、科学意义和应用价值）

二、研究工作总结

主要内容提示：1. 主要研究内容及研究方法的创新程度、突出特色和主要建树；2. 研究成果（着重说明主要的科学发现和创新之处，并有具体的内容和必要数据）；3. 研究成果的科学意义、应用前景、推广开发价值以及经济和社会效益；4. 成果存在的不足或欠缺，尚需深入研究的问题等。

三、设站单位审核意见

单　位（盖章） 年　　月　　日

四、市人社局意见（企业博士后适用）

单　位（盖章） 年　　月　　日

五、省人社厅意见

单　位（盖章） 年　　月　　日

附录 3：科研流动站、工作站及省创新实践基地申报表

申请新设增设博士后科研
流动站申报表

申报单位：________________

申请新设或增设流动
站的一级学科：________________

申报单位博士后
工作管理部门：________________

邮政编码：________________

单位地址：________________

联系人：________________

联系电话：________________

人力资源和社会保障部专业技术人员管理司
全 国 博 士 后 管 委 会 办 公 室 制

填 表 说 明

一、申请新设增设博士后科研流动站,要由博士学位授予权单位按国务院学位委员会颁布的学科、专业目录中的一级学科申报。因学科调整申请增设流动站的,需在表中第 4、5 项反映学科调整情况和原学科招收博士后研究人员情况。申请新设流动站的,不需要填写第 4、5 项。

二、申报学科和单位必须同时具备下列基本条件:

(一)具有相应学科的博士学位授予权,并已培养出一届以上的博士毕业生;

(二)具有一定数量的博士生指导教师;

(三)具有较强的科研实力和较高的学术水平,承担国家重大研究项目,科研工作处于国内前列,博士后研究项目具有理论或技术创新性;

(四)具有必需的科研条件和科研经费,并能为博士后研究人员提供必要的生活条件。

对于具有博士学位一级学科授予权、建有国家重点实验室的学科和国家重点学科在设站评审中将优先予以考虑。

三、本表填写前应认真阅读文件正文。填写内容必须真实,字迹清楚,统计数字准确无误,有据可查,无内容可填写“没有”,不可留空。表内栏目确实填写不下,可少量附页,复制时必须保持原格式不变,装订整齐。

四、本表一式九份,由主管部门汇总后报送到人力资源和社会保障部专业技术人员管理司(全国博士后管委会办公室)。

1. 申报学科内博士学位授权点情况（一级学科授权的注明）

学科、专业名称	批准时间	备　注

2. 申报学科内目前包含的重点学科

级　别	名　称	批准部门	批准时间
国家级			
部（省）级			

3. 与申报学科相关的国家（部、省）重点实验室（专业实验室、工程研究中心、文献中心）和基地

名　称	批准部门	批准时间

4. 原有关博士后流动站学科、专业调整情况

调整前			调整后	
一级学科	博士点	批准时间	一级学科	博士点

续上表

申报审定为流动站的一级学科情况	
一级学科	涵盖博士点

5. 调入申报学科内的原博士后流动站涵盖博士点招收博士后研究人员情况

序号	姓名	进站时间	合作导师	研究方向	主要项目	备注

6. 申报学科内教学、研究人员分布

院（系、所）	教研室或研究室人数合计	现有人员总数： 人			
		教授级	副教授级	讲师级	具有博士学位人员

7. 申报学科内人员年龄结构

	合计	35岁以下	36至45岁	46至55岁	56至60岁	61岁以上
院士						
博士生导师						
教授级（或相当专业技术职务者）						
副教授级（或相当专业技术职务者）						
讲师级（或相当专业技术职务者）						

续上表

8. 申报学科主要研究方向目前主要学术带头人情况

主要研究方向	姓　名	年龄	是否博士生指导教师	专业技术职称及岗位	备注	培养博士生	
						毕业人数	在学人数

注：1. 第6、7、8项“人数”项一律填本单位实际在编人数，外单位兼职人员不计入；

2. 第8项不要另加附页，“主要研究方向”可划分至三级学科。

续上表

9. 申报学科在最近五年（2007.1—2011.12）获部省级以上科研奖励和发表论文、出版专著情况

	总 数	特等	一等	二等	三等	四等
国家级奖励						
部（省）级奖励						

在国内公开学术期刊发表论文数	在国外公开学术期刊发表论文数	被 SCI、EI、ISTP 收录的论文数	左三栏中本学科高级专业技术职务人员年均发表论文数（篇/年·人）	出版专著（不含教材）数

获得发明专利合计　　项

10. 申报学科培养的博士生在校期间以本人为主完成论文情况

年 度	博士生数	发表论文总篇数	其中在国内重要学术刊物上发表论文数	其中在国外重要学术刊物上发表论文数	发表论文总数人均（篇/人）
2009					
2010					
2011					

11. 申报学科 2009 年 1 月至 2011 年 12 月实际获得并计入财务账目的纵向科研经费（万元）

三年总计	2009 年	2010 年	2011 年	本学科高级专业技术职务人员三年人年均费（万元/年·人）

12. 申报学科可供博士后研究人员使用的实验室条件和单位图书资料情况

实验室面积（平方米）	设备投资（万元）	藏书量（万册）	期刊拥有量（种、册）

注：第 9 项中出版的专著、发表的论文限填作者在本单位工作期间的。

13. 申报学科在最近五年（2007.1—2011.12）最具代表性的科研成果

序	成果名称	项目完成人或作者（　）	获奖名称、等级，日期；发表刊物、出版单位名称，日期；获授权发明专利情况，等等

14. 申报学科内目前承担的科研项目共　项，其中部（省）级以上的项目共　项

注：项目完成人或作者姓名后（　　）内填写署名次序。

续上表

15. 申报学科内 2009 年 1 月—2011 年 12 月底承担科研项目情况				
项目、课题来源	项目、课题名称（下达编号）	项目起讫时间	科研经费（万元）	负责人（姓名、专业技术职务）
国家及国务院各部门项目				
国家自然科学基金项目				
国家社会科学基金项目				
国防科研项目				
地方政府项目				
企事业单位委托科研项目				
其他项目				

续上表

16. 申报意见简述（综合说明申报学科的学术水平、科研实力，同时说明提供博士后研究人员的科研经费、学术环境和住房等后勤保障条件）： 申报单位负责人签字：　　公章 二〇一二年　月　日
17. 申报单位所属上级主管部门审核意见： 签字：　　公章 二〇一二年　月　日
18. 省（市、区）人力资源和社会保障厅（局），新疆生产建设兵团人事局，国务院有关部委、有关直属机构人事（干部）部门，解放军总政治部干部部审核意见： 签字：　　公章 二〇一二年　月　日

申请设立博士后科研工作站
报　批　表

申报单位全称：　　＿＿＿＿＿＿＿＿

单位所属行业：　　＿＿＿＿＿＿＿＿

单位博士后工作

主管部门：　　＿＿＿＿＿＿＿＿

联系电话：　　＿＿＿＿＿＿＿＿

单位地址：　　＿＿＿＿＿＿＿＿

邮政编码：　　＿＿＿＿＿＿＿＿

人力资源和社会保障部专业技术人员管理司　制

申 报 须 知

一、符合下列条件的各类企业、从事科学研究和技术开发的事业单位以及省级以上高新技术开发区、经济技术开发区和留学人员创业园区申请设立工作站，应具备下列基本条件：

（一）具备独立法人资格，经营或运行状况良好；

（二）具有一定规模，并具有专门的科技研究开发机构；

（三）拥有高水平的研究队伍，具有创新理论和创新技术的博士后科研项目；

（四）能为博士后研究人员提供较好的科研条件和必要的生活条件。

建有省级以上研发和技术中心，承担国家重大项目的单位可优先设立工作站。

二、申报材料须经所在省、自治区、直辖市人力资源和社会保障厅（局）或上级主管部门审核并签署意见（加盖公章）后，报送人力资源和社会保障部专业技术人员管理司（地址：北京市东城区和平里中街12号，邮编：100716，电话：84208344，84207344，传真：84208344）。

三、申请单位需填写报批表一式八份，填表必须实事求是，认真翔实，不可虚报或留空，如没有内容可填，请填上“没有”二字。表中如有需要详尽说明的重要批件可附少量另页，本表一律用A4纸填写。

四、报表原件可打印或用钢笔正楷书写。

一、申报单位基本情况

<table>
<tr><td>单位全称</td><td colspan="5"></td></tr>
<tr><td>单位类型</td><td colspan="2"></td><td>所有制</td><td></td><td>总人数</td></tr>
<tr><td rowspan="2">科研人员
（不含兼职）</td><td colspan="2">高级职称</td><td>中级职称</td><td>初级职称</td><td>其他技术人员</td></tr>
<tr><td colspan="2"></td><td></td><td></td><td></td></tr>
<tr><td colspan="2">是否高新技术企业</td><td colspan="2">国家级或省级</td><td>批准部门</td><td>批准时间</td></tr>
<tr><td colspan="2"></td><td colspan="2"></td><td></td><td></td></tr>
<tr><td colspan="2">是否上市</td><td colspan="3">上市公司名称</td><td>上市时间</td></tr>
<tr><td colspan="2"></td><td colspan="3"></td><td></td></tr>
<tr><td>单位主要业务介绍</td><td colspan="5">（企业要注明主要产品、产量、技术水平及市场分析等）</td></tr>
<tr><td>单位主要业绩介绍</td><td colspan="5">（近两年产值、销售收入、利润、纳税额及纳税额列居本地区名次等情况，对行业和地区经济建设和社会发展的贡献）</td></tr>
<tr><td>单位下设机构情况</td><td colspan="5"></td></tr>
<tr><td>单位近期发展规划</td><td colspan="5"></td></tr>
</table>

二、申报单位研究开发能力情况

是否设有专门的科技研究开发机构	国家级或省级	认定部门	认定时间

研发机构及研发能力情况	（单位现有技术开发机构情况，科研队伍构成和素质等）

单位主要高级研究人员情况（不含兼职）			
姓　名	职　称	职　务	专长、研究成果应用及获奖情况

是否参与国家“863”、“973”项目	项　目　名　称
是否批准为国家火炬计划项目	项　目　名　称
是否参与省部级重点科技项目	项　目　名　称
其他重大科技项目	项　目　名　称

续上表

近年来（特别是近三年来）取得的主要科技成果	

注：上述各项目有批准文件的须将复印件附后。

近三年科技研究开发投入情况	
近三年与高校或科研机构共同研发情况	
近期主要研究工作方向	

三、拟提出的博士后研究项目情况

项目名称	起止时间	经　费	预期目标、研究水平及市场前景
拥有主要仪器设备情况、专业实验室及其他科研后勤条件			
可提供博士后研究人员的住房、博士后日常经费及其他后勤保障情况			

四、审批意见

申请单位意见：   单位负责人签字　　　　公 章 年　　月　　日
市人力资源和社会保障局，省有关部门意见：   签字　　　　公 章 年　　月　　日
省、自治区、直辖市人力资源和社会保障厅（局），国务院有关部委、直属机构人事部门，解放军总政治部干部部，有关企业集团、总公司意见：   签字　　　　公 章 年　　月　　日

附件

申请设立博士后创新实践基地
报　批　表

申报单位全称：________________

单位所属行业：________________

填表部门：________________

联系电话：________________

单位地址：________________

邮政编码：________________

江苏省人力资源和社会保障厅　制

填 表 须 知

申请单位需填写报批表一式二份,填表必须实事求是,认真翔实,不可虚报或留空,如没有内容可填,请填上“没有”二字,本表一律用 A4 纸打印。表中如有需要详尽说明的重要批件需附件。

一、申报单位基本情况

<table>
<tr><td colspan="2">单位全称</td><td colspan="6"></td></tr>
<tr><td colspan="2">单位类型</td><td colspan="2"></td><td>所有制</td><td></td><td>总人数</td><td></td></tr>
<tr><td colspan="2" rowspan="2">科研人员
（不含兼职）</td><td colspan="2">高级职称</td><td>中级职称</td><td>初级职称</td><td colspan="2">其他技术人员</td></tr>
<tr><td colspan="2"></td><td></td><td></td><td colspan="2"></td></tr>
<tr><td colspan="3">是否高新技术企业</td><td colspan="3">批准部门</td><td colspan="2">批准时间</td></tr>
<tr><td colspan="3"></td><td colspan="3"></td><td colspan="2"></td></tr>
<tr><td colspan="3">是否上市</td><td colspan="3">上市公司名称</td><td colspan="2">上市时间</td></tr>
<tr><td colspan="3"></td><td colspan="3"></td><td colspan="2"></td></tr>
<tr><td>单位主要业务介绍</td><td colspan="7">（企业要注明主要产品、产量、技术水平及市场分析等）</td></tr>
<tr><td>单位主要业绩介绍</td><td colspan="7">（2009—2011 年的产值、销售收入、利润、纳税额及纳税额列居本地区名次等情况，对行业和地区经济建设和社会发展的贡献）</td></tr>
<tr><td>单位下设机构情况</td><td colspan="7"></td></tr>
<tr><td>单位近期发展规划</td><td colspan="7"></td></tr>
</table>

二、申报单位研究开发能力情况

是否设有专门的科技研究开发机构	国家级或省级、市级	认定部门	认定时间

研发机构及研发能力情况	（单位现有技术开发机构情况，科研队伍构成和素质等）

单位主要高级研究人员情况（不含兼职）			
姓　名	职　称	职　务	专长、研究成果应用及获奖情况

是否参与国家“863”、“973”项目	项　目　名　称
是否批准为国家火炬计划项目	项　目　名　称
是否参与省部级重点科技项目	项　目　名　称
其他重大科技项目	项　目　名　称

续上表

近年来（特别是近三年来）取得的主要科技成果	

注：上述各项目有批准文件的须将复印件附后。

近三年科技研究开发投入情况	
近三年与高校或科研机构共同研发情况	
近期主要研究工作方向	

三、拟提出的博士后研究项目情况

项目名称	起止时间	经　费	预期目标、研究水平及市场前景
拥有主要仪器设备情况、专业实验室及其他科研后勤条件			
可提供博士后研究人员的住房、博士后日常经费及其他后勤保障情况			

四、审批意见

申请单位意见：   单位负责人签字　　　　公 章 年　　月　　日
县（市、区）人力资源和社会保障局意见：   公 章 年　　月　　日
市人力资源和社会保障局意见：   公 章 年　　月　　日
省人力资源和社会保障厅审批意见：   公 章 年　　月　　日

附录 4：科研流动站、工作站评估表

博士后科研流动站评估表

设站单位名称：______________

流动站名称：______________
（一级学科）
联　系　人：______________

联系电话：______________

传真号码：______________

E-mail：______________

全国博士后管委会办公室制表

填 表 说 明

1. 本表内容为《博士后科研流动站评估指标体系》中须设站单位、流动站，各省（自治区、直辖市、军队系统）博士后管理部门填写的评估数据；

2. 填表须按照《博士后科研流动站评估指标内涵细化说明》的要求填写，实事求是，认真翔实，不可虚报；

3. 每项中如原表不够填写可加行；

4. 报表原件请用 A4 纸打印；

5. 评估项如涉及涉密内容请按照国家有关保密规定处理；

6. “设站单位填写”内容填报设站单位有关情况，“流动站填写内容”填报流动站有关情况；标有“*”号指标项要求以流动站为单位提供评估数据清单（样式见本表附件），“设站单位填写”表中“①设站单位博士后工作近期发展计划和措施”和“②设站单位制定的制度”两项请另附材料复印件；

7. 表中各统计数据应为流动站所涉及的院系在该一级学科内的数据合计；

8. “4. 设站单位博士后工作主管部门审核意见”，由设站单位博士后工作主管部门对表中各项内容认真审核后，签署审核意见；

9. “5. 有关管理部门对流动站工作的综合评价”，按照如下办法分别由有关部门填写评价意见：

（1）各省、自治区、直辖市（军队系统除外）的流动站由所在地省、自治区、直辖市博士后管理部门填写；

（2）军队系统的流动站由总政干部部科技干部局填写；

（3）北京地区中央所属单位的流动站由中国博士后科学基金会填写；

10. 本表由全国博士后管委会办公室负责解释。

设站单位填写

（每个设站单位只填写一份）

博士后工作措施及制度建设情况

★①设站单位有无近期博士后工作发展计划和措施：

□ A. 有　　　　　□ B. 无

★②设站单位制定了下列哪些制度（在□中打“√”）：

博士后人员招收制度 □　　博士后人员考核制度 □

博士后人员日常经费管理制度 □

博士后人员住房管理制度 □　　博士后人员科研项目管理制度 □

博士后人员奖惩激励制度 □

③设站单位从期满出站博士后人员中选留教职员工的人数 ______

同期单位录用教职员工的总人数 ______

流动站填写内容

1. 流动站建设情况

1-1 设站单位近期博士后工作发展计划和措施

1-2 设站单位制定的制度

1-3 ① 设站单位是否有专门的博士后工作管理人员:

☐ A. 有　☐ B. 无

1-3 ② 设站单位组织流动站管理人员博士后工作培训的情况:

☐ A. 经常组织　☐ B. 偶尔组织　☐ C. 从不组织

2. 博士后人员招收情况

2-1 ① 博士生招收人数 ______

② 副高级以上专业技术人员人数 ______（以填表日为统计时间）

③ 国家资助（含留学回国类型）博士后人员名额 ______

④ 外单位人员做博士后人数 ______

（略）

3. 博士后人员科研项目情况

*3-1 ① 参与国家级项目数量 ______

② 参与省（部）级项目数量 ______

*3-2 ① 申获自然科学基金资助项目数量　省（部）级 ______

② 申获社会科学基金资助项目数量　省（部）级 ______

③ 申获博士后科学基金资助项目数量 ______

④ 省（部）级博士后科学基金 ______

4. 设站单位博士后工作主管部门审核意见（在□中打“√”）：

以上内容属实 □　　　　无涉密内容 □

签名：________________（公章）

5. 有关管理部门对流动站工作的综合评价（在□中打“√”）：
（侧重流动站建设情况及《博士后管理工作规定》的执行情况）
□ A. 合格　　　　□ B. 不合格

签名：________________（公章）

附：评估数据清单（样式）

一、“1-1 设站单位近期博士后工作发展计划和措施：”请另附复印件

二、“1-2 设站单位制定的制度：”请另附复印件

三、“3. 博士后人员科研项目情况”

3-1 博士后人员参与科研项目情况						
序号	项目、课题名称（下达编号）	项目来源[1]	项目起讫时间	项目级别	博士后姓名	在站时间

3-2 博士后人员申获基金情况（省部级）					
序号	获得基金名称（申请或批准编号）[2]	资助起讫时间	经费（万元）	博士后姓名	在站时间

注：1. “项目级别”栏限填“国家级”、“省部级”；

2. “获得基金名称”栏限填省部级“自然科学基金”、“社会科学基金”、“博士后科学基金”。

附表：调查期间之外的部分成果

3-1 博士后人员参与科研项目情况						
序号	项目、课题名称（下达编号）	项目来源[1]	项目起讫时间	项目级别	博士后姓名	在站时间

3-2 博士后人员申获基金情况（省部级）					
序号	获得基金名称（申请或批准编号）[2]	资助起讫时间	经费（万元）	博士后姓名	在站时间

博士后科研工作站评估表

设站单位名称：________________

联系人：________________

联系电话：________________

传真号码：________________

E-mail：________________

全国博士后管委会办公室制表

填 表 说 明

1. 本表内容为《博士后科研工作站评估指标》中部分须工作站,各省、自治区、直辖市和有关部门博士后管理部门填写的评估数据;

2. 填表须按照《博士后科研工作站评估指标内涵细化说明》的要求填写,实事求是,认真翔实,不可虚报;

3. 本表为综合评估和新设站评估的通用表格,工作站根据实际情况填写相关内容,如原表不够填写可加行;

4. 报表原件请用 A4 纸打印;

5. 评估项如涉及涉密内容请按照国家有关保密规定处理;

6. 标有“*”号指标项要求以工作站为单位提供评估数据清单(样式见本表附件),其中“1-1 ①设站单位‘十一五’期间博士后工作发展计划和措施”和“1-1 ②设站单位制定的制度”两项请另附材料复印件,内设分站的工作站以分站为单位提供清单;

7. 工作站根据实际情况选择工作站性质;内设分站的工作站,其所属各分站分别填写本表后,由工作站统一填写一份本表;

8. “6. 设站单位博士后工作主管部门审核意见:”,由设站单位博士后工作主管部门对表中各项内容认真审核后,签署审核意见;

9. “7. 有关管理部门对工作站工作的综合评价:”作为指标的加分项,按照如下办法分别由有关部门填写评价意见:

(1)各省、区、直辖市(军队系统除外)的工作站由所在地省、自治区、直辖市博士后管理部门填写;

(2)军队系统的工作站由总政干部部科技文职干部局填写。

10. 本表由全国博士后管委会办公室负责解释。

工作站基本情况

工作站性质：
生产经营性□ 所属行业类别 ______________
门类代码（A—T）______________
大类代码（两位数字 01—98）______________
科研事业性□ 所属一级学科 ______________
1. 工作站建设情况
1-1 工作措施及制度建设
★①设站单位在“十一五”期间有无博士后工作发展计划和措施：
□ A. 有　　□ B. 无
★②设站单位制定了下列哪些制度（在□中打“√”）：
博士后人员招收制度 □　　博士后人员考核制度 □
博士后人员日常经费管理制度 □
博士后人员住房管理制度 □　　博士后人员科研项目管理制度 □
博士后人员奖惩激励制度 □
1-2 工作站管理水平
①工作站是否有专门的博士后工作管理人员：
□ A. 有　　□ B. 无
②工作站管理人员参加培训的情况（工作站填写）：
□ A. 经常参加　　□ B. 偶尔参加　　□ C. 从不参加
工作站组织分站管理人员进行博士后工作培训的情况（工作站分站填写）：
□ A. 经常组织　　□ B. 偶尔组织　　□ C. 从不组织

2. 博士后人员招收情况
副高级以上专业技术人员总数 ______________
博士后招收人数 ______________
其中：招收外单位人员做博士后人员人数 ______________
招收留 学回国类型博士后人员人数 ______________
招收外籍博士后人员人数 ______________
现在站人数 ______________（以填表日为统计时间）
博士后人员平均年龄 ______________

3. 博士后人员科研项目情况
★3-1 ① 参与国家级项目数量 ______________
② 参与省（部）级项目数量 ______________
③ 参与单位项目数量 ______________
★3-2 ① 申获自然科学基金资助项目数量 国家级 ____ 省（部）级
② 申获社会科学基金资助项目数量 国家级 ____ 省（部）级
③ 申获博士后科学基金资助项目数量 __________
其中：中国博士后科学基金
重点资助 _____　一等资助 _____　二等资助 _____

省（部）级博士后科学基金 _____

4. 博士后人员科研成果情况
★4-1 博士后人员论文情况
论文收录数量情况（新设站评估工作站填写）:
SCI_______ EI_______ SSCI_______ CSSCI_______
A&HCI_______ CSCD_______ ISTP_______
中国科技核心期刊收录（数）_________
军队内部核心期刊收录（数）_________
发表论文他引率情况（综合评估工作站填写）:
SCI 平均他引率 _______ EI 平均他引率 _______
SSCI 平均他引率 _______ CSSCI 平均他引率 _______
A&HCI 平均他引率 _______ CSCD 平均他引率 _______
ISTP 平均他引率 _______
中国科技核心期刊平均他引率 _________
军队内部核心期刊平均他引率 _________
★4-2 获专利情况，专利受理数量 _________
专利授权数量 _________
★4-3 成果转化效益情况（综合评估工作站填写）:
取得经济效益项目的数量 _________
取得社会效益项目的数量 _________

5. 博士后人员获奖情况
★5-1 项目获奖情况

	特等奖	一等奖	二等奖	三等奖	四等奖
国家级奖励	_____	_____	_____	_____	_____
省部级奖励	_____	_____	_____	_____	_____
社会力量奖励	_____	_____	_____	_____	_____

（略）

6. 设站单位博士后工作主管部门审核意见（在□中打“√”）： 以上内容属实 □　　　　无涉密内容 □ 签名：________________（公章）
7. 有关管理部门对工作站工作的综合评价（在□中打“√”）： （侧重流动站建设情况及《博士后管理工作规定》的执行情况） 综合评估填写： □ A. 优秀　□ B. 良好　□ C. 合格　□ D. 不合格 新设站评估填写 □ A. 合格　□ B. 不合格 签名：________________（公章）

附：评估数据清单（样式）

一、“1–1 设站单位‘十一五’期间博士后工作发展计划和措施：”请另附复印件

二、“1–2 设站单位制定的制度：”请另附复印件

三、“3. 博士后人员科研项目情况”

3–1 博士后人员参与科研项目情况						
序号	项目、课题名称（下达编号）	项目来源[1]	项目起讫时间	项目级别	博士后姓名	在站时间
3–2 博士后人员申获基金情况（省部级）						
序号	获得基金名称（申请或批准编号）[2]		资助起讫时间	经费（万元）	博士后姓名	在站时间

注：1. “项目级别”栏限填“国家级”、“省部级”；

2. “基金级别”栏填写方法：自然科学基金、社会科学基金填写国家级或省（部）级，中国博士后科学基金填写“重点资助”、“一等资助”、“二等资助”，省部级博士后科学基金不需填写。

四、"4. 博士后人员科研成果情况"

1. 发表论文、出版论著情况

论文名称	博士后姓名	在站时间	发表年月	发表刊物	检索类型	他引率
出版论著						
著作名称	博士后姓名	在站时间	合著排名	出版日期	出版单位	

注：1. "检索类型"栏限填"SCI"、"EI"、"SSCI"、"CSSCI"、"A&HCI"、"CSCD"、"ISTP"、"中国科技核心期刊"、"军队内部核心期刊"；

2. "他引率"栏为综合评估单位填写；

3. "合著排名"栏，独著者请在此填写"独著"。

2. 获专利情况

专利名称	专利受理（授权）号	博士后姓名	在站时间	排名	受理（授权）时间

3. 成果转化效益情况

取得经济效益的项目						
项目名称	经济效益（万元）	主要完成人	博士后姓名	在站时间	合作单位名称	
取得社会效益的项目						
上报材料题目	上报方式	上报时间	上报部门	主要完成人	博士后姓名	在站时间

注："上报方式"栏限填"省部级要报"、"省部级信息专报"、"省部级办公厅上报"。

五、"5. 博士后人员获奖情况"（综合评估指标）

项目获奖情况

项目名称	博士后姓名	在站时间	获奖年月	获奖名称与等级	奖励级别

注："奖励级别"栏限填"国家级"、"省部级"、"社会力量奖"。

以上内容属实 □　　　以上信息无涉密内容 □

博士后工作主管部门负责人签字：

附录 5：某高校企业博士后联合培养协议

联合培养企业博士后研究人员协议

甲方：　　　（工作站名称或创新实践基地名称）

乙方：　　　（高校名称）

丙方：　　　（博士后姓名）

为促进企业博士后科研工作站与高校博士后流动站之间的合作，鼓励协同创新，加快科研成果转化，根据全国博士后管委会博管发〔1997〕5号《企业博士后工作管理暂行规定》文件内容，经甲、乙、丙三方协商，就联合招收和培养博士后研究人员有关事宜达成如下协议：

一、根据甲方科研项目的需要，甲乙双方同意联合招收 ＿＿＿＿＿ 博士为博士后研究人员，进入甲方从事博士后研究工作。

二、甲方安排相关领域的专家 ＿＿＿＿＿ 作为博士后研究人员的工作站合作导师，乙方安排 ＿＿＿＿＿ 教授作为博士后研究人员的流动站合作导师，共同指导博士后在站期间的科学研究工作。

三、为确保乙方的有效管理，博士后在站两年期间，甲方每年支付乙方 ＿＿＿＿＿ 万元人民币作为博士后流动站行政管理经费及导师指导费。

四、博士后进站一个月内甲方向乙方支付第一年的费用，进站第十三个月甲方向乙方支付第二年的费用。如甲方因工作需要延长博士后在站时间，甲方应向乙方支付延长期的相关费用，具体事宜双方商定。

五、在站期间，甲方为博士后研究人员提供必要的工作条件和生活条件。配备指导老师和科研助手，发放博士后的工资及福利待遇，并负责办理博士后进出站及户口迁徙等手续。做好博士后的开题报告审查、中期考核、期满出站评估、科学基金申报等工作。

六、乙方负责办理博士后进出站手续，协调博士后在高校工作期间实验仪器设备的提供、图书资料的查阅、食宿方面的支持等相关工作。协助甲方组织博士后开题、中期考核、出站考核、科学基金申报等工作。

七、丙方使用甲方提供的科研经费并主要在甲方完成的研究工作，其研究成果的知识产权归甲方所有，乙方应对相关成果和数据负有保密责任。甲乙双方共同出资合作完成博士后在站期间的研究项目，或乙方有前期阶段性成果转让，则甲乙双方应预先明确该成果的归属和分享办法。丙方在站期间单独或合作发表的科研论文、出版著作，其所在单位由甲方和乙方共同署名。研究成果及专利未经所有权方的同意，参与课题的研究人员不得泄露其技术秘密，违者按有关规定追究责任。

八、丙方在站期间,必须遵守甲乙双方的有关规定。在站期间若出现中途退站或不适合继续留站工作,由甲乙双方商定,中止丙方在站研究工作,停止提供丙方一切相关经费,并办理相关退站手续。

九、本协议一式三份,甲乙双方各一份,博士后本人一份。经三方签字盖章后生效。未尽事宜,由三方协商解决。

甲方(盖章):

法定代表人 / 授权代理人签字:　　　　　　　　年　　月　　日

乙方(盖章):　　　　　　乙方开户银行及账号:

法定代表人 / 授权代理人签字:　　　　　　　　年　　月　　日

丙方签字:　　　　　　　　　　　　　　　　　年　　月　　日

参考文献

[1] 全国博士后管委会办公室，中国博士后科学基金会．博士后工作实用手册 [M]. 北京：中国人事出版社，2012.

[2] 刘梅英．博士后科研工作站管理指南 [M]. 北京：北京科学技术出版社，2013.

[3] 中华人民共和国人事部，全国博士后管理委员会．中国博士后辉煌二十年 [M]. 北京：中国书画出版社，2008.

[4] 人力资源和社会保障部，全国博士后管理委员会．博士后工作文件资料汇编：1985—2007 [M]. 北京：中国人事出版社，2008.

国家社会科学基金教育学重大课题
“立德树人的落实机制研究”成果
（课题批准号：VEA190002 ）